教育部人文社会科学研究"十三五"规划项目
"学习科学视域下教学设计理论发展研究"（16YA880033）成果

Applying the Science of Learning

应用学习科学
——心理学大师给教师的建议

［美］理查德·E. 梅耶（Richard E. Mayer）／著

盛群力　丁　旭　钟丽佳／译

中国轻工业出版社

图书在版编目（CIP）数据

应用学习科学：心理学大师给教师的建议 /（美）理查德·E.梅耶（Richard E. Mayer）著；盛群力，丁旭，钟丽佳译. —北京：中国轻工业出版社，2016.10（2025.3重印）

ISBN 978-7-5184-1057-6

Ⅰ. ①应⋯ Ⅱ. ①理⋯ ②盛⋯ ③丁⋯ ④钟⋯
Ⅲ. ①教学研究 Ⅳ. ①G420

中国版本图书馆CIP数据核字（2016）第187518号

版权声明

Authorized translation from the English language edition, entitled APPLYING THE SCIENCE OF LEARNING, 1E, ISBN: 9780136117575 by Richard E. Mayer, published by Pearson Education, Inc., Copyright © 2011 Pearson Education, Inc.

All rights reserved. No part of this book may be reproduced or transmitted in any form or by any means, electronic or mechanical, including photocopying, recording or by any information storage retrieval system, without permission from Pearson Education, Inc.

CHINESE SIMPLIFIED language edition published by CHINA LIGHT INDUSTRY PRESS, Copyright © 2016.

本书封面贴有Pearson Education（培生教育出版集团）激光防伪标签。
无标签者不得销售。

责任编辑：吴 红 王慧超   责任终审：杜文勇
策划编辑：吴 红   责任校对：刘志颖   责任监印：吴维斌

出版发行：中国轻工业出版社（北京鲁谷东街5号，邮编：100040）

印　　刷：三河市双升印务有限公司

经　　销：各地新华书店

版　　次：2025年3月第1版第14次印刷

开　　本：880×1230 1/16 印张：10.25

字　　数：100千字

书　　号：ISBN 978-7-5184-1057-6 定价：38.00元

读者热线：010-65181109

发行电话：010-85119832 010-85119912

网　　址：http://www.chlip.com.cn http://www.wqedu.com

电子信箱：1012305542@qq.com

版权所有 侵权必究

如发现图书残缺请拨打读者热线联系调换

250350Y1C114ZYW

如果你对学习科学改进教育方面做出的贡献感兴趣，那么，这本书就是为你而写的。这本书是专门为学习科学的入门者所写，其中包括教育学或心理学专业的本科生、教师、实习教师、教学设计人员、教学辅导人员，等等。当然，我也希望本书能对有经验的教师起到锦上添花的作用。

理查德·E. 梅耶（Richard E. Mayer）
美国加州大学圣巴巴拉分校教授

《应用学习科学》总结了学习、教学和评估三个相关领域的研究。作者在写作时精心推敲，对已经证实的研究结论，哪些是真正要紧的，哪些是切实管用的，都逐一做了透彻的总结。我向每一位教学设计工作者推荐这本必备书。一册在手，想用就用，随时可以参考这些最基本的原则。

M. 戴维·梅里尔（M. David Merrill）
美国犹他州立大学教授

很高兴能够为本书写推荐语，因为我是梅耶的超级粉丝。20世纪80年代初，我还是一名学生时便读了梅耶的《思维和解决问题：人类认知与学习导论》一书。这是改变我人生的一次事件，激励我将探索学习科学作为职业选择。现在过了30多年后，《应用学习科学》一书再次成为一座真正的地标，使学习科学能够为广大公众理解。

杰伦·J. G. 范梅里恩伯尔
（Jeroen J. G. van Merriënboer）
荷兰马斯特里赫特大学教授

《应用学习科学》一书是探索教育科学的现代经典，涉及学习科学、教学科学和评估科学。梅耶在书中对以往几十年的研究成果做了精心梳理，形成了有理论观点和实证依据的原则，以应用于各种不同的学习与教学情境。梅耶具体展示了教育心理学如何能够出色地帮助学生学习，并为教育工作者提供了更有效的学习支持。

J. 迈克尔·斯佩克特（J. Michael Spector）
美国北得克萨斯大学教授

梅耶是当今世界有关认知过程和教学设计领域的著名专家。任何对应用学习科学感兴趣的人，都应该读一读这本基础读物。

约翰·斯维勒（John Sweller）
澳大利亚新南威尔士大学教授

本书远远超出了我的预期。我原以为又是一本枯燥无味、晦涩难懂的学术书。结果，它在写作上格外出色，精心设计，便于学习。我非常感谢这位了不起的作者，他将学习科学讲得这么清晰易懂。五颗星！

温迪（Wendy）
亚马逊图书网站书友

我要特别向各级各类学校的广大教师和培训机构的培训师推荐这本书。可以说，大师有不少，但是大师的许多书不适宜"入门者"看；梅耶的书有不少，但是目前只有这一本是具有普适性的"入门书"。这是一本颇费心思写成的书，总结了由实证研究得出的成果。如果你已经了解了皮亚杰、布鲁纳、布卢姆、奥苏贝尔等教育心理学家的理论与贡献，那么你完全有必要了解梅耶的学习科学思想；如果你错过了别人，那么你也一定不要错过梅耶；如果你要了解当前的学习科学有什么新流派，教育改革有什么新的理论，那么你应该想起梅耶。

盛群力
浙江大学教授

作者介绍

小传

理查德·E.梅耶是美国加州大学圣巴巴拉分校心理学教授，自1975年他便在该校任职。1973年，他在密歇根大学获得心理学博士学位；1973—1975年，他在印第安纳大学担任心理学访问助理教授。他的研究兴趣是将学习科学应用于教育，包括目前的多媒体学习、在计算机支持的环境中学习和用于学习的电脑游戏。他的研究领域涉及认知、教学和技术三者之间的交叉，研究重点是如何帮助人学习，以便能够将所学到的东西迁移到新的情境中。他曾担任美国心理学会第十五分部（教育心理学）主席和美国教育研究学会 C 分部（学习和教学）副会长。他曾获得"教育心理学桑代克职业成就奖"、斯克里布纳"学习和教学优秀研究成果奖"和美国心理学会颁发的"心理学应用于教育和培训的杰出贡献奖"。他曾被《当代教育心理学》杂志评选为最富成就的教育心理学家。作为主要研究者或者合作者，他曾获得超过30项研究基金的资助，包括国家教育科学研究院调研在线辅导系统的特色效果，以及国家科学基金会有关学生学习和问题解决策略的研究。他曾担任《教育心理学家》主编和《教学科学》双主编之一，并在12本主要的教育心理学杂志担任编委。他已经出版了30部著作，如《用于学习的电脑游戏》、《应用学习科学》、《数字化学习与教学科学（第4版）》（与露丝·克拉克合著）、《多媒体学习（第2版）》、《学习和教学（第2版）》、《学习和教学研究手册》（与 P. 亚历山大合作主编）和《剑桥多媒体学习手册（第2版）》（主编），发表了400多篇论文。

研究

梅耶博士的主要研究兴趣是确定人如何开展学习（即学习科学），以及如何帮助人开展学习（即教学科学）。梅耶博士的研究领域涉及认知、教学和技术，主要包括：

（1）多媒体学习，如确定人如何开展学习的科学解释，涉及基于电脑的动画、视频和叙事；图示如何影响人从理科教材文本中学习；人如何从交互模拟中学会解决问题。

（2）在计算机支持的环境中学习，例如，如何通过在线学习代理、在线智能辅导系统、在线移动设施和虚拟技术等改进学习效能。

（3）用于学习的电脑游戏，包括确定影响教育游戏效果的因素，以及考察玩电脑游戏是否可以改进人的认知和感知能力。

梅耶博士关注如何帮助人学习，包括如何使用语词和图示来解释科学概念和数学概念。他的研究受到这样一个设问的推动，即"我们如何帮助人以这样的方式学习，使他们能够运用所学到的东西，解决未曾遇到过的问题"。他以人如何开展学习的认知理论为基础，发展了与在线教学设计密切相关的多媒体学习的认知理论。在过去20年间，他和他的同事进行了超过100项实验，检验了设计在线学习环境和基于电脑游戏的12条实证原则。目前，他正在进一步拓展设计用于学习的电脑游戏和设计用于社交线索（比如使用温文尔雅的语言和手势来增强学习者的学习动机）的研究工作。

梅耶博士当前的研究基金主要来自国家教育科学研究院、海军研究办公室和国家科学基金会，包括调查人如何通过电脑在线辅导来学习数学和科学，确定哪些教育游戏的特征能够促进深度学习，确定玩电脑游戏的认知结果，使用眼动跟踪方法和认知神经科学的方法来确定人是如何学习多媒体课程的，调研一个在屏教育代理的手势和声音是如何影响学生学习在线课程的。这些项目的共同目标是通过使用严谨的研究方法，提出基于研究的教学设计原则，为人如何开展学习的认知科学理论做出贡献。

部分代表著作

Thinking and Problem Solving (1977)

Foundations of Learning and Memory [with R. Tarpy] (1978)

Human Reasoning [co-editor, with R. Revlin] (1978)

Readings in Learning and Memory [co-editor, with R. Tarpy] (1979)

Ten Statement Spiral BASIC (1980)

The Promise of Cognitive Psychology (1981)

Thinking, Problem Solving, Cognition (1983)

BASIC: A Short Course (1986)

Educational Psychology: A Cognitive Approach (1987)

Teaching and Learning Computer Programming [editor] (1988)

The Critical Thinker: Learning and Thinking Strategies for Psychology Students [with F. Goodchild] (1990)

Thinking, Problem Solving, Cognition (2nd ed.) (1992)

The Critical Thinker: Learning and Thinking Strategies for Psychology Students (2nd ed.) [with F. Goodchild] (1995)

The Promise of Educational Psychology, Volume 1: Learning in the Content Areas (1999)

A Taxonomy of Learning for Teaching: A Revision of Bloom's Taxonomy of Educational Objectives [with L. W. Anderson, D. R. Krathwohl, et al.) (2001)

Multimedia Learning (2001)

The Promise of Educational Psychology, Volume 2: Teaching for Meaningful Learning (2002)

Learning and Instruction (2003)

E-Learning and the Science of Instruction [with R. Clark] (2003)

The Cambridge Handbook of Multimedia Learning [editor] (2005)

E-Learning and the Science of Instruction (2nd ed.) [with R. Clark] (2008)

Learning and Instruction (2nd ed.) (2008)

Multimedia Learning (2nd ed.) (2009)

Applying the Science of Learning (2011)

Handbook of Research on Learning and Instruction [co-editor, with P. Alexander] (2011)

E-Learning and the Science of Instruction (3rd ed.) [with R. Clark] (2011)

The Cambridge Handbook of Multimedia Learning [editor] (2nd ed.) (2014)

Computer Games for Learning: An Evidence-Based Approach (2014)

Learning as a Generative Activity: Eight Learning Strategies that Promote Understanding [with L. Fiorella] (2015)

E-Learning and the Science of Instruction (4th ed.) [with R. Clark] (2016)

中文版推荐序
学习、教学与评估[1]

理查德·E. 梅耶被《当代教育心理学》杂志评选为从1991年到2008年最富成就的教育心理学家。在过去三年，梅耶并没有放慢脚步。他在学习和教学方面的研究主要涉及如何开展教学，以及如何开展真正有效的学习，这些都要有相关的实证依据来支持。在精心编撰和简明扼要地总结相关研究成果方面，梅耶确实做到了领先一步。

内容

《应用学习科学》是梅耶最新的研究成果，总结了学习、教学和评估这三个相关领域的研究。本书分为三个部分：如何开展学习、如何开展教学，以及如何开展评估。第一部分运用学习的三种隐喻来回答相关问题，接着提出了学习科学的三条原理，然后讨论了学习的认知模式，以及动机和元认知问题。第二部分回答了教学方面的诸多问题：认知容量的三个要求、三种教学场景、课堂学习的十二条教学设计原则、有效学习的八条教学设计原则以及在学习中如何指导认知加工。第三部分包括如何实施有效的评估，以及如何评估学习结果。第三部分也讨论了教学效果的研究，并且提出了对教学实验法的看法。

方法

虽然本书只有百余页，但是它包括了学习、教学和评估三个领域中最重要的原则。梅耶的本意是让读者能体会到"翻开每一页后，我都能了解如何去落

---

[1] 本文系梅里尔教授为《应用学习科学》一书所写的书评。资料来源：Merrill, M. D (2012). Book Review: Principles of Learning, Instruction, Assessment. *Educational Technology*, January-February, 61-62.

实一项具体的教学目标"。梅耶将这种写作意图称之为"模块设计"。梅耶表示，本书的写作对象是学习科学的入门者。不过他还建议将本书单独作为应用学习科学的导论。我对梅耶的做法很感兴趣。虽然我很熟悉本书所介绍的内容，但是我依然能够发现作者在写作时的精心推敲：对已经证实的研究结论，哪些是真正要紧的，哪些是切实管用的，作者都逐一做了透彻的总结。

本书有助于强化并巩固我本已熟悉的一些原则，可以说这种简洁流畅的书写形式让我获益匪浅。如果将来有人请我讲解学习、教学和评估，那么，我会采用本书的说法。在此，我向每一位教学设计工作者推荐这本必备书。一册在手，想用就用，随时可以参考这些最基本的原则。

评鉴

本书是包罗万象的吗？答案是否定的。本书只是代表了梅耶通过自身广泛的研究所发现的有关学习、教学和评估中的最重要的知识。入门者能够理解这些原则吗？除了认真学习之外，别无捷径。本书将这些原则提炼为简单明了、通俗易懂的文字。我认为梅耶已经做得十分周详，当然我自己是了解这些基础科学的。本书总结了学习、教学和评估研究的最新成果，它能给人带来启发意义。入门者需要好好加以领会，充分理解这些原则。

我会向入门者推荐这本书吗？答案是毫无疑问的。但是我也很清楚，本书好比冰激凌顶端的部分，读者还需要参考其他学习资料，如梅耶所著的那本极其出色的教材——《学习和教学》（Learning and Instruction），这样才能真正理解本书这些简明扼要的阐述包含了什么意思。

为了说明这些原则，梅耶提供了一些研究样例来加以证实，同时也给出了一些练习，便于读者强化理解。书中简要讨论的有关学习、教学和评估的原则，让我有一种想急切地继续探究细节的欲望，以便能够对研究本身有更透彻的理解。对于入门者来说，本书也许同样具有"开胃"的效果呢。

M. 戴维·梅里尔（M. David Merrill）美国犹他州立大学荣休教授。2012年，他在犹他州立大学、夏威夷大学和伯明翰大学开设教学技术在线课程。他的《首要教学原理》一书已于2012年由Pfeiffer出版社正式出版。2001年他荣获美国教育传播与技术学会（AECT）颁发的"卓越服务奖"、犹他州立大学颁发的"终生成就奖"和伯明翰大学颁发的"教学技术领域贡献奖"。

原 著 序

应用学习科学

　　教育的核心使命是帮助人学习。学习科学是研究人如何进行学习的一门科学。本书致力于通过考察如何将学习科学应用于教育,实现这两项事业的融合。本书基本的前提是:如果你想帮助人学习,那么对如何开展学习做到心中有数的话,你就会获益良多。总之,如果你将应用学习科学付诸实践,那么你改善教育的努力就会大有实效。

　　应用学习科学不是直截了当的单向的过程,即采纳心理学家已经发现的关于学习的结论,并且将这些结论用于改进教学设计。相反,应用学习科学涉及学习、教学和评估三个基本要素之间互惠互利的关系。为了帮助你真正理解这三者之间的关系,本书就是围绕这三个部分——学习科学、教学科学和评估科学来加以组织的。

◇ **学习科学**。第一,要确认一些与教育有密切关系的学习科学的特征。100多年来,学习科学一直聚焦于通过设计好的实验任务,对动物或人进行实验而得出关于学习的结论,这些研究与实际教育工作的联系很少。近些年来,在弄明白人是如何完成与教育密切相关的任务方面,已经取得了令人振奋的进展,这促使我们可以构建一门与教育真正相关的学习科学。在本书中,我将指明一些我认为与教育关系最为密切的学习科学的特征。

◇ **教学科学**。第二,即使我们已经透彻地理解了如何开展学习,这种理解本身也很难直接转化为教学方法。必须要做的是找到一条途径,以便检验学习科学所建议的教学方法效果如何,考察其是在什么时候发挥作用的,以及如何发挥作用的。这是教学科学要完成的任务。在本书中,我将指明教学科学的重要特征。

◇ **评估科学**。第三，如果缺少了对所学的东西进行评估的清晰认识，那么，任何将应用学习科学付诸实践的努力都将是不完整的。清晰地说明学习的预期结果是什么，这对于教学设计是必不可少的；清晰地说明所获得的学习结果是什么，这对于评估教学效果也是必不可少的。在本书中，我将指明评估科学的重要特征，并指出它是如何与改进教学联系起来的。

100多年以来，心理学家一直在试图弄清楚人是如何开展学习的。与此同时，教育工作者的兴趣主要集中在借助应用学习科学改善教育。不过，将应用学习科学付诸实践的尝试并没有取得多少成效，主要原因是绝大多数对学习的研究并没有聚焦于解释人是如何学会有教育意义的任务的。不过，最近25年来，在推进学习科学与教育的融合方面有了更为显著的进展。如果你想采用科学的方式帮助人学习，那么，本书就是为你量身定制的。

本书的写作目的在于，通过提出学习科学、教学科学和评估科学的基本理念，能够让读者有总体的了解。本书主要有以下特点：

◇ **简明扼要，集中要义**。本书不是对学习科学的三个方面做系统细致的说明，而是提供简明扼要的阐述。我认为这些是与学习、教学和评估相关的最基本的理念。因此，我在写作时删减了一些不必要的段落与句子，以保证你能专注于最基本的理念。
◇ **模块设计，双向呈现**。本书没有采用一页接一页的方式呈现信息，而是采用模块设计的方式：各个模块都围绕独特的话题展开；本书不是文字的堆叠，而是讲究文本与图示的配合，帮助读者梳理并领会书中的内容。
◇ **清晰界定，具体明确**。本书采用清晰具体的风格来写作。我努力做到具体明确，善加引导，如对一些我们习以为常的"术语"下定义与举例子。
◇ **活泼可亲，友好交流**。本书不是板着一张学术的面孔讲道理，而是营造一种友好对话的交流方式。为了达到这一目的，本书尽量减少参考文献的引用，只是在一个话题结束时列出必要的参考书目和推荐阅读书目。

本书是为谁写的呢？在写作本书的过程中，我想象的读者是那些一直对改善教育感兴趣的人——他们经常会问："关于应用学习科学，我需要了解些什么呢？"在本书中我尝试利用30多年来在应用学习科学研究方面的一些经验，对这些问题做出回答。一句话，如果你对学习科学改进教育方面做出的贡献感兴趣，那么，这本书就是为你而写的。这本书是专门为学习科学的入门者所写，其中包括教育学或心理学专业的本科生、教师、实习教师、教学设计人员、教学辅导人员，等等。当然，我也希望本书能对有经验的教师起到锦上添花的作用。本书既可以作为课程学习中核心教材的补充读物（还包括我所写的《学习和教学》一书），又可以作为应用学习科学的简明、独立的介绍。

写作这本书的计划一直以来都在我的脑海中盘旋，不过，最终促成我落笔写作的，是因为最近我获得了美国心理学会颁发的"心理学应用于教育和培训的杰出贡献奖"。这件令人意外的事情使我意识到：是时候理清一下究竟什么是应用学习科学了。写作本书对我来说充满了乐趣。努力向别人讲清一件事情，会促使自己先彻底弄明白这件事情。我在试图说明应用学习科学到底意味着什么时，对此深有体会。期待你对本书提出建议，请随时来信联系我，我的邮箱地址为 mayer@psych.ucsb.edu。

和教师的谈话

19世纪末，美国著名的心理学家威廉·詹姆斯（William James）向教师发表巡回演讲时，论及如何将"心智科学"应用于教育。他的演讲后来在1899年汇编成一本小册子出版，书名是《和教师的谈话》[1]。与我现在写的这本书意图相仿，詹姆斯对在教育中应用学习科学很感兴趣（当然，那个时候还没有出现"学习科学"这个术语）。

1899年，一位心理学家就应用学习科学和教师的谈话

教师想要在专业上获得长远的发展，想要在工作中体现出更大的热诚，那么，就越来越需要心理学家弄清楚一些基本的原理……例如，有关心智如何开展运作的知识，能使得教师负责的几个班级的课堂管理工作，变得更加轻松且高效。（第22页）

在和教师的谈话中，詹姆斯意识到应用学习科学遇到了两大障碍。第一，研究人员未能提供与教育密切相关的学习科学。

问题1：学习科学与教育有密切的关系吗？

心理学理应给教师提供很大的帮助。我承认自己也曾经抱有这样的期望，然而，让我感到不安的是，在谈话结束时，实际结果会让你们有点失望。（第22页）

---

[1] James, W. (1899/1958). *Talks to Teachers*. New York: Norton.

第二，学习科学难以直接转换成教学方案，因此，你需要了解与学习科学相关的教学科学。它能够确定由理论推动的教学方法在什么时候发挥作用，以及如何发挥作用。

问题2：教学科学在何处？

如果你觉得心理学，即研究心智规律的科学，能够在课堂中立竿见影地得出明确的教学方案、教学计划和教学方法，那就大错特错了。（第23页）

如今，在詹姆斯出版《和教师的谈话》100多年之后，我们正处于这样一个时代，即学习科学与教育密切相关，同时教学科学在检验由理论推动的教学方法的效果方面，也取得了令人满意的进展。你可以将本书看成《和教师的谈话》的现代版。这本书试图克服以往出现的两大障碍。

致 谢

在写作本书的过程中，以下同事为我提出了诸多有益的评论：洛林·安德森（Lorin Anderson）、迪克·克拉克（Dick Clark）、露丝·克拉克（Ruth Clark）、阿特·格雷泽（Art Graesser）、黛安娜·哈尔彭（Diane Halpern）、哈利·奥尼尔（Harry O'Neil）和约翰·斯维勒（John Sweller），在此我向他们表示衷心的感谢。感谢我的导师，感谢我的学生，感谢一直以来并肩工作的所有同事。感谢加州大学圣巴巴拉分校为我提供了如此优良的教研环境，让我得以与出类拔萃的学生和同事一起工作。感谢出版商对写作本书的支持和鼓励，感谢本书的评阅人——内布拉斯加州大学的道格拉斯·考夫曼（Douglass Kauffman）和加州理工大学的斯蒂芬妮·斯考曼（Stefanie Saccoman）。

家庭对我来说至关重要，感谢我的父母詹姆斯·梅耶（James Mayer）和伯尼斯·梅耶（Bernis Mayer），你们永远活在我的心中。感谢我的孩子肯（Ken）、戴夫（Dave）和莎拉（Sarah），你们给我的生活带来了许多欢乐。感谢新到来的孙辈雅各布（Jacob）和艾弗里（Avery），你们不经意的举动都能让我喜笑颜开。最后，感谢我的妻子贝弗莉（Beverly），你让我的生活充满甜蜜。

理查德·E. 梅耶
于加利福尼亚，圣巴巴拉

目 录

作者介绍 ··· I
中文版推荐序（梅里尔）··· V
原著序（梅耶）··· VII

第一章　导论 ··· 1
　　一、核心三要素：学习、教学和评估 ··· 2
　　二、应用学习科学的基本原理 ·· 4
　　三、什么是应用学习科学 ·· 6
　　四、学习科学和教学科学两者关系的历史回顾 ································ 8
　　五、学习科学和教学科学的交叠关系 ·· 10
　　参考书目与推荐阅读 ··· 12

第二章　如何开展学习 ·· 13
　　一、什么是学习 ·· 14
　　二、学习改变了什么：行为还是知识 ·· 16
　　三、什么是学习科学 ··· 18
　　四、迁移的本质 ·· 20
　　五、如何开展学习：学习的三种隐喻 ·· 22
　　　　（一）学习即增强反应：桑代克的效果律 ·································· 24
　　　　（二）学习即获得知识：艾宾浩斯的学习曲线 ····························· 26
　　　　（三）学习即知识建构：巴特莱特的图式同化 ····························· 28
　　六、如何开展学习：学习科学的三条原理 ······································ 30
　　　　（一）双重通道：帕维奥的具体性效应 ······································ 31
　　　　（二）容量有限：米勒的神奇数字7 ·· 32
　　　　（三）主动加工：维特洛克的生成学习理论 ································ 33

七、如何开展学习：学习的认知模式⋯⋯⋯⋯⋯⋯⋯⋯⋯⋯⋯⋯⋯⋯⋯⋯⋯⋯⋯34
　　（一）意义学习的三种记忆模式⋯⋯⋯⋯⋯⋯⋯⋯⋯⋯⋯⋯⋯⋯⋯⋯36
　　（二）意义学习的三种认知过程⋯⋯⋯⋯⋯⋯⋯⋯⋯⋯⋯⋯⋯⋯⋯⋯37
八、强大的基石：动机和元认知⋯⋯⋯⋯⋯⋯⋯⋯⋯⋯⋯⋯⋯⋯⋯⋯⋯⋯⋯38
　　（一）学习动机⋯⋯⋯⋯⋯⋯⋯⋯⋯⋯⋯⋯⋯⋯⋯⋯⋯⋯⋯⋯⋯⋯⋯39
　　（二）学习的元认知⋯⋯⋯⋯⋯⋯⋯⋯⋯⋯⋯⋯⋯⋯⋯⋯⋯⋯⋯⋯⋯42
九、学科学习⋯⋯⋯⋯⋯⋯⋯⋯⋯⋯⋯⋯⋯⋯⋯⋯⋯⋯⋯⋯⋯⋯⋯⋯⋯⋯⋯44
十、语词学习的八大要义⋯⋯⋯⋯⋯⋯⋯⋯⋯⋯⋯⋯⋯⋯⋯⋯⋯⋯⋯⋯⋯⋯46
参考书目与推荐阅读⋯⋯⋯⋯⋯⋯⋯⋯⋯⋯⋯⋯⋯⋯⋯⋯⋯⋯⋯⋯⋯⋯⋯⋯48

第三章　如何开展教学⋯⋯⋯⋯⋯⋯⋯⋯⋯⋯⋯⋯⋯⋯⋯⋯⋯⋯⋯⋯⋯⋯⋯51
一、什么是教学⋯⋯⋯⋯⋯⋯⋯⋯⋯⋯⋯⋯⋯⋯⋯⋯⋯⋯⋯⋯⋯⋯⋯⋯⋯52
二、什么是教学科学⋯⋯⋯⋯⋯⋯⋯⋯⋯⋯⋯⋯⋯⋯⋯⋯⋯⋯⋯⋯⋯⋯⋯54
三、什么是教学目标⋯⋯⋯⋯⋯⋯⋯⋯⋯⋯⋯⋯⋯⋯⋯⋯⋯⋯⋯⋯⋯⋯⋯56
　　（一）教学目标的三个层次⋯⋯⋯⋯⋯⋯⋯⋯⋯⋯⋯⋯⋯⋯⋯⋯⋯⋯58
　　（二）教学目标的五种知识类型⋯⋯⋯⋯⋯⋯⋯⋯⋯⋯⋯⋯⋯⋯⋯⋯60
　　（三）教学目标的六种认知过程⋯⋯⋯⋯⋯⋯⋯⋯⋯⋯⋯⋯⋯⋯⋯⋯61
四、如何开展教学：认知容量的三个要求⋯⋯⋯⋯⋯⋯⋯⋯⋯⋯⋯⋯⋯⋯62
五、如何开展教学：三种教学场景⋯⋯⋯⋯⋯⋯⋯⋯⋯⋯⋯⋯⋯⋯⋯⋯⋯64
六、课堂学习的十二条教学设计原则⋯⋯⋯⋯⋯⋯⋯⋯⋯⋯⋯⋯⋯⋯⋯⋯66
　　（一）减少无关认知加工的实证教学原则⋯⋯⋯⋯⋯⋯⋯⋯⋯⋯⋯⋯66
　　（二）调节基础认知加工的实证教学原则⋯⋯⋯⋯⋯⋯⋯⋯⋯⋯⋯⋯68
　　（三）促进生成认知加工的实证教学原则⋯⋯⋯⋯⋯⋯⋯⋯⋯⋯⋯⋯70
七、有效学习的八条教学设计原则⋯⋯⋯⋯⋯⋯⋯⋯⋯⋯⋯⋯⋯⋯⋯⋯⋯72
　　（一）开展练习的实证教学原则⋯⋯⋯⋯⋯⋯⋯⋯⋯⋯⋯⋯⋯⋯⋯⋯72
　　（二）实现生成的实证教学原则⋯⋯⋯⋯⋯⋯⋯⋯⋯⋯⋯⋯⋯⋯⋯⋯74
八、在学习中如何指导认知加工⋯⋯⋯⋯⋯⋯⋯⋯⋯⋯⋯⋯⋯⋯⋯⋯⋯⋯76
　　（一）促进"选择"的教学策略⋯⋯⋯⋯⋯⋯⋯⋯⋯⋯⋯⋯⋯⋯⋯⋯76
　　（二）促进"组织"的教学策略⋯⋯⋯⋯⋯⋯⋯⋯⋯⋯⋯⋯⋯⋯⋯⋯78
　　（三）促进"整合"的教学策略⋯⋯⋯⋯⋯⋯⋯⋯⋯⋯⋯⋯⋯⋯⋯⋯80
九、三条流行却受到质疑的教学原则⋯⋯⋯⋯⋯⋯⋯⋯⋯⋯⋯⋯⋯⋯⋯⋯82
十、对主动教学与主动学习的进一步探讨⋯⋯⋯⋯⋯⋯⋯⋯⋯⋯⋯⋯⋯⋯86
参考书目与推荐阅读⋯⋯⋯⋯⋯⋯⋯⋯⋯⋯⋯⋯⋯⋯⋯⋯⋯⋯⋯⋯⋯⋯⋯88

第四章 如何开展评估 ·· 91
 一、什么是评估 ·· 93
 二、什么是评估科学 ·· 94
 三、三种评估功能 ·· 95
 四、如何编制有效的评估工具 ······································ 96
 五、教学效果研究什么 ·· 98
  （一）是什么在起作用？运用随机对照实验 ······················ 100
  （二）什么时候起作用？运用析因实验 ·························· 102
  （三）如何起作用？运用观察分析 ······························ 103
 六、实验考察法 ·· 104
  （一）利用效应量来评估教学效果 ······························ 104
  （二）造成实验组和控制组无差异的六个理由 ···················· 106
 七、如何评估学习结果 ·· 108
  （一）测量学习结果的两种方法 ································ 108
  （二）三种学习结果 ·· 110
 八、意义学习与机械学习：威特海默的平行四边形课 ·················· 112
 九、评估学习结果：量评还是类评 ·································· 114
 十、拓展评估领域 ·· 116
  （一）拓展评估领域：确定教学方法何时起作用 ·················· 116
  （二）拓展评估领域：确定教学方法如何起作用 ·················· 117
  （三）拓展评估领域：性向与教学处理的交互作用 ················ 118
 十一、评估的误区 ·· 122
 参考书目与推荐阅读 ·· 124

跋 ·· 127
术语表 ·· 129
译后记 ·· 143

第一章

导　　论

教育的主要目标是帮助人学习。应用学习科学是指运用我们所了解的人是如何开展学习的知识，去开发有实证依据的教学方法来帮助人学习。为了实现这一目标，我们有必要理解如何开展学习（即学习科学）、如何开展教学（即教学科学）和如何开展评估（即评估科学）。导论部分将对这三个方面予以概括性说明。

要目概览

一、核心三要素：学习、教学和评估

二、应用学习科学的基本原理

三、什么是应用学习科学

四、学习科学和教学科学两者关系的历史回顾

五、学习科学和教学科学的交叠关系

一、核心三要素：学习、教学和评估

本书以科学的方法来探讨如何帮助人学习这一问题。如果你想帮助人更好地学习，那么你可以从以下三个以研究为基础的要素中得到一点启示。

◇ **学习科学**——学习科学的目的是提出有实证依据的关于"如何学习"的理论。
◇ **教学科学**——教学科学的目的是提出有实证依据的恰当的教学原则，指出哪种教学方法最有效，并阐释应将哪种知识传授给哪类学习者。
◇ **评估科学**——评估科学的目的是创建一种可描述学习者在学习过程中的知识、特征和认知加工的工具。

图1.1对这三个要素——学习、教学和评估做了总结。学习位于这张图的中间，因为学习是整个教育过程中的核心部分。教育的目的是促进学习者发生预期的变化，这种变化就是**学习**。**教学**位于这张图的左侧，并用一个箭头指向学习，因为教学的目的就是引发学习。教育工作者的重要任务就是通过使用各种有效的教学方法，促进学习者发生变化。**评估**位于这张图的右侧，箭头由学习指过来，因为评估说明了学习者学到了什么知识（以及学习时产生了什么样的认知加工）。如果没有一定形式的评估，那么你很难判断学习是否发生。另外，从评估指向教学的箭头指明了与学习者有关的描述——学生知道了什么，以及学生如何开展学习——这些都有助于教学设计。

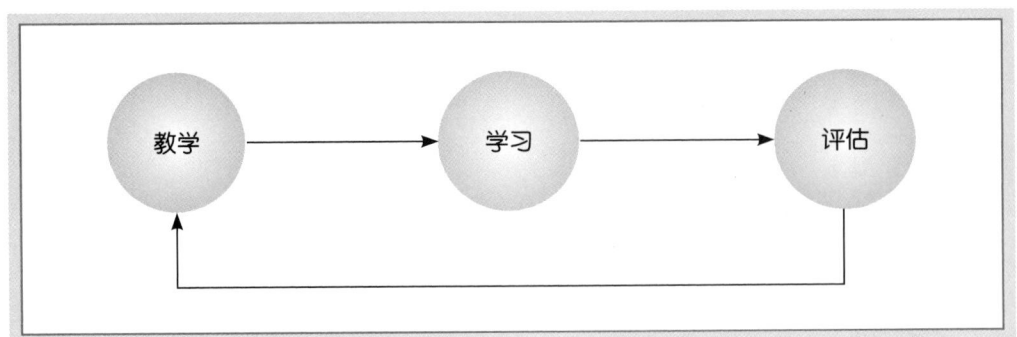

图1.1　三个核心要素：学习、教学和评估

简而言之，为了理解如何促进学习者学习，你必须了解学习、教学和评估三者之间的密切关系。本书另外三章内容将分别阐释这三个核心要素。

在本书中，我采用科学的方法来研究学习、教学和评估（见表1.1）。学习科学意在建构人是如何学习的检验性理论。这种学习理论是科学的，因为它是可被检验的，即从理论上来讲，你可以发现证伪的数据。教学科学意在探索具有实证依据的教学方法，以帮助人学习。如果教学方法是基于实证研究得出来的，即这些方法在方法论上是可靠的，那么，该方法便是科学的。评估科学意在设计评估学习结果、学习过程和学习能力的既有效又可信的方法。评估之所以是科学的，首先是因为其测量的有效性，即它是针对某一恰当的目标来测量的；其次是因为其测量的可信度，即每一次都使用了相同的测量方式。

表1.1 什么是学习科学、教学科学和评估科学

什么是学习科学	
定义	关于人是如何学习的科学研究。
目标	提出有实证依据的"如何学习"的模式。
标准	学习理论是可被检验的。
什么是教学科学	
定义	关于帮助人学习的科学研究。
目标	提出基于研究的教学设计原则，指出哪种教学方法在哪种教学环境下，将哪种知识传授给哪类学习者才是最有效的。
标准	教学方法是有实证依据的。
什么是评估科学	
定义	关于确定人学会了什么的科学研究。
目标	用既有效又可信的工具评估学习者的学习结果、学习过程和学习能力。
标准	评估方式是有效的和可信的。

二、应用学习科学的基本原理

本书旨在帮助你理解人是如何学习的,我将这一目标称之为"**应用学习科学**"。为了实现这一目标,你必须理解如何开展学习、如何开展教学和如何开展评估(见表1.2)。

表1.2　学习、教学和评估的价值

要素	价值
学习	促使我们获得生存所需的知识。
教学	促进学习过程。
评估	指导教学过程。

1. 学习的价值

让我们一起来想一想人类的特别之处。作为一个物种,为什么人类可以一直生存并且繁衍下去?这不归功于我们具备的力量(其他动物的力量比我们更大)、体重(其他动物的体重比我们更重)、速度(其他动物的速度比我们更快)和自我伪装(其他动物更善于利用环境伪装自己)的能力。我们之所以特殊,是因为这种不同寻常的学习能力——一种建构和使用知识的能力。著名的发展心理学家让·皮亚杰(Jean Piaget)认为,人类建构知识是为了适应环境以求得生存。我们经由学习建立起心理表征,这使得我们可以得到自己想要的东西并生存下去。简而言之,学习能力是人类强大的天赋本领。

2. 教学的价值

为了更好地教育下一代,也就是说,为了帮助新的社会成员获得生存所需的知识,人类社会都会设计出各种开发学习能力的方法。教育是人类利用自己的学习能力来改善生活质量而付出的所有努力。教学可以给予学习者促进学习的各种体验。教学可以是非正式的,比如,让学习者通过观察他们的父母、兄弟姐妹、同伴来习得正确的行为表现;教学也可以是正式的,比如,学校开展的教学。全面普及义务教育始于19世纪的工业化社会初期,它是人类历史上相对崭新的教学制度。如果知识是在人类社会获取成功的关键,那么教学就是帮助每一个人获得知识的重要工具。

3.评估的价值

不是所有的教学体验都是同样有效的,因此我们必须明确采用不同的教学方法后,人们学到了什么,又是怎么学的。这便是评估的任务。我们如何判断人是否学到了知识?我们如何了解学习中的认知加工过程?我们如何判断人的学习能力?这些都是要通过评估回答的问题。评估的作用至关重要,它可以衡量教学的有效性,同时对整个教学过程提供指导。

三、什么是应用学习科学

"应用学习科学"(applying the science of learning)和"拓展学习科学"(invigorating the science of learning)是事物的一体两面（见图1.2和表1.3）。"应用学习科学"是指运用人是如何学习的知识来提高教学设计的有效性，帮助学习者在真实的任务中学习。简而言之，如果你的目标是帮助人学习，那么你首先要理解人是如何学习的。

"拓展学习科学"则是指拓展学习理论，使之能描述如何在真实的任务中开展学习。到20世纪中期，针对饥饿的老鼠走迷宫开展的研究，以及人为什么会对记忆无规律单词感到厌烦开展的研究，并没有得出一般的学习理论。如果没有教育实践，那么学习理论在20世纪中期可能就已经走向末路了，这种猜测并非空穴来风。教育工作者希望得到具体的理论，来解释人在真实的情境中是如何学习的——比如，如何阅读一篇文章、怎样写一篇小短文、如何解答算术题。这种倾向促使学习科学逐渐复兴。总之，如果你的目标是理解人是如何学习的，那么你就要观察人在真实情境中的学习情况。

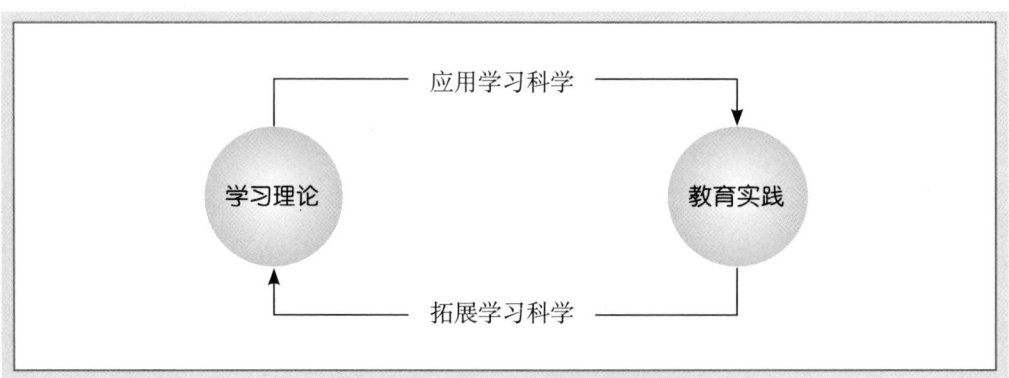

图1.2　学习理论与教育实践的关系

表1.3 学习科学的应用和拓展

目标	结果
应用学习科学	建立与教育密切相关的学习科学,以改进教育实践。
拓展学习科学	探索改进教育实践的路子,以发展学习科学。

四、学习科学和教学科学两者关系的历史回顾

在探讨学习、教学和评估这三大核心要素之前，我们有必要先思考一下它们之间的关系，特别是学习科学（science of learning，SOL）和教学科学（science of instruction，SOI）之间的关系。表1.4总结了两者关系经历的三个阶段：单行线、死胡同和双向道。

表1.4 学习科学和教学科学两者关系的历史回顾

阶段	时间段	描述
单行线	20世纪早期	基础研究者建立学习科学，实践工作者将其应用到学习中。
死胡同	20世纪中期	基础研究者在人为设计的学习环境中（SOL）建立学习理论，应用研究者根本看不上这些研究成果；应用研究者不重视在教学理论（SOI）的基础上提出教学原则，这种做法同样也被基础研究者所鄙视。
双向道	20世纪后期至今	研究者在真实的学习环境中（SOL）检验学习理论，并依据教学理论（SOI）来检验教学原则。

20世纪早期，人们对科学能解决社会问题抱有很大的希望。按照这个愿景，心理学家开始研究学习者如何学习，教育工作者也将这种学习理论应用于课堂。我将这种方式称之为"单行线"的关系，因为理论与实践之间的交流是单向的——从学习理论到教学实践。"单行线"方式无法解决实际问题，主要基于以下两个原因：①当时的心理学家在学习理论上难以达成一致；②即使心理学家建立了基于学习的理论，这样的理论也无法直接应用于教育实践。

到20世纪中期，学习科学和教学科学之间的关系每况愈下，我将之称为"死胡同"时期。它具体表现为：一方面基础研究者忙于在人为的实验情境下——比如研究实验室老鼠如何走迷宫，或者人们如何记忆无序的单词，构筑自己的学习理论；另一方面应用研究者则关注什么样的教学方法是最有效的，至于这些教学方法究竟是如何起作用的，则不予深究。在这一时期，致力于学习科学研究的心理学家与关注教学科学的教育工作者之间并没有多少交流。

到20世纪后半期，心理学家与教育工作者之间开始趋向于一种互惠互利的交流关系。教育工作者要求学习科学的研究者建构一种学习理论，以解释真实教学情境中的学习问题，比如如何学习阅读、写作、解答算术问题，或者如何科学地思维。为了回答这些问题，学习科学的研究者建构了强大而实用的学习理论。以每一种教

学方法是如何影响学生的认知加工为依据，教学方法得到了更有效的检验，这一发展使教学科学受益良多。我将学习科学和教学科学之间的这种新型的互惠关系称为"双向道"。在我看来，这种"双向道"的关系为学习科学和教学科学的发展带来了希望。

接下来，让我们思考学习科学和教学科学之间的关系在各个阶段是如何发生的。表1.5举例说明了三个阶段中两者关系的变化情况。

表1.5 学习科学和教学科学的关系举例

阶段	学习科学的研究举例	教学科学的研究举例
单行线	在实验室里动物学习按下门栓来获得食物。	教师教学生通过操作和练习来回答问题。
死胡同	依据词汇表学习词汇有什么规律？	学生使用音素法后，阅读效果会好于使用整词拼读法吗？
双向道	阅读学习的原则是什么？	我们应该怎样帮助学生学会阅读？

比如，在"单行线"阶段，心理学家在实验室里研究奖励和惩罚是怎样影响动物学习的，而教育工作者便将实验研究和发现直接套用到教学实践中——通过使用操作和练习教学生回答事实性问题。举例来说，当学生回答正确时，教师便给予奖励（比如教师说"正确"），当学生回答错误时，教师则给予惩罚（比如教师说"错误"）。在"死胡同"阶段，心理学家继续在人为的实验情境下构筑自己的学习理论——比如确定关于人如何学习词汇的学习原则。教育工作者却完全忽视阅读教学的理论基础，忙于比较两种不同的阅读教学方法。在"双向道"阶段，心理学家将研究领域扩大到了真实的学习情境中，比如研究学生是如何阅读的。与此同时，教育工作者关注如何帮助学生学会阅读，而这种关注既要基于实证研究依据，又要考虑教学方法是如何影响学生学习的理论基础。今天，学习科学和教学科学在双向道上均获得了发展。事实上，认知科学的多学科交叉发展表明：我们正在沿着多车道的高速公路上奔驰，这些车道如同多学科学习，可以针对多种学习目标而开放自如。

五、学习科学和教学科学的交叠关系

人们很容易混淆"**基础研究**"（以学习科学为例）和"**应用研究**"（以教学科学为例）的本质。在本书中，我们不妨采用唐纳德·斯托克斯（Donald Stokes）提出的"巴斯德象限"，即用四方格图来描述研究者可能从事的四种研究类型，帮助大家消除对上述问题的困惑。

◇ **只聚焦理论目标**——如图1.3左下方所示的纯基础研究。
◇ **只聚焦实践目标**——如图1.3右上方所示的纯应用研究。
◇ **非实践—非理论目标**——如图1.3左上方所示的空格。
◇ **理论—实践目标**——如图1.3右下方所示的基于实践问题的基础研究。

在这幅巴斯德象限四方格图中——唐纳德·斯托克斯称之为"**应用驱动的基础研究**"，研究者致力于两个交叠的目标。比如说，借用斯托克斯的教育研究分析，图1.3右下方的方格表示研究者同时致力于建构学习理论和改进教学实践。就是在这一方格中，学习理论和教学实践都能得到快速的发展：前者从真实的学习情境中建构学习理论，后者通过理解教学方法何时起作用，以及怎样起作用中促进教学实践。这个象限对应的是"双向道"式的研究方式，基础研究和应用研究可以互惠互利。

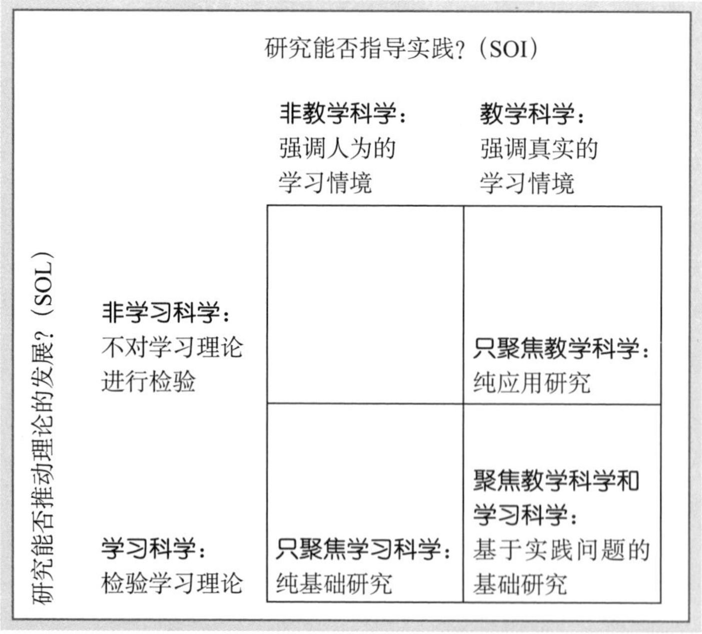

表1.6展示了基础研究（比如学习科学）和应用研究（比如教学科学）的两种关系："**同一连续体上的两个极端**"或者"**两种目标的交叠关系**"。传统观念认为基础研究和应用研究是同一连续体上的两个极端。在这种关系中，学习科学（一种基础研究）聚焦于人如何学习的理论问题，而教学科学（一种应用研究）则聚焦于如何提高教学的实践问题。这种极端关系造成的结果往往不尽

图1.3 学习科学和教学科学的交叠关系

如人意，具体表现为：一方面倡导学习研究者去建构理论，但无法将这些理论应用于真实的学习任务中；另一方面鼓励教学研究者发展教学方法，但这些方法没有理论基础，并且限制了其适用的范围。相比之下，我更倾向于基础研究和应用研究的交叠关系这一观点，因为这样能实现学习科学和教学科学的协调发展——通过建构研究人如何学习的理论，来促进学习科学的发展；在研究基础上探索如何有效地设计教学，来促进教学科学的发展。这一互惠关系带来的理想的结果是：研究者能够得出更加真实的学习理论，教学方法的使用范围也将更为宽广。

表1.6 基础研究（SOL）和应用研究（SOI）的两种关系

观点	描述	结果
同一连续体上的两个极端	基础研究聚焦理论；应用研究关注实践。	理论没有应用于真实任务；实践原则不以理论为基础。
两种目标的交叠关系	基础研究关注应用问题（比如研究同时促进理论和实践的发展）。	在真实任务中通过实证明晰理论；实践原则以理论为基础。

如果我们寻求能同时实现推动学习科学和教学科学交叠关系的研究（如图1.4中的右侧所示），那么就进入了我所说的"**基于实践问题的基础研究**"（或者斯托克斯所说的"**应用驱动的基础研究**"）这一领域。在这种情况下，基础研究和应用研究之间的界限开始消失，因为优秀的基础研究和应用研究是同一回事。此时基础研究和应用研究便形成了互利互惠的关系，即学习科学和教学科学相得益彰。这也是本书倡导的立足点。

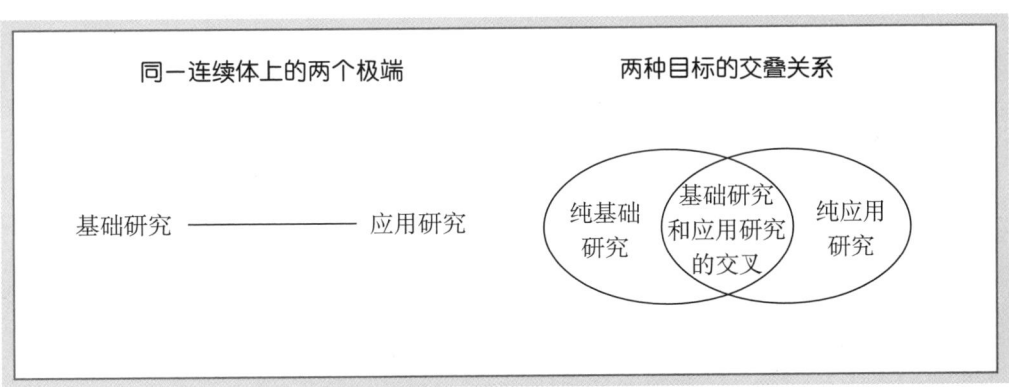

图1.4 基础研究和应用研究的两种关系

参考书目与推荐阅读

第4—5页

Piaget, J. (1971). *Science of education and the psychology of the child*. New York: Viking Press.

世界杰出的发展心理学家对心理学和教育学二者关系所做的详细描述。

第8—9页

Mayer, R. E. (2008). *Learning and instruction* (2nd ed). Upper Saddle River, NJ: Merrill/Pearson Prentice Hall.

针对教育心理学核心概念的最新评论,以及心理学和教育学二者关系的历史分析。

第10—11页

Stokes, D. E. (1997). *Pasteur's quadrant: Basic science and technological innovation*. Washington, DC: Brookings Institution Press.

富有说服力的理由表明:同样的研究项目可以做到既有理论影响(如针对学习科学来说),又有实践作用(如针对教学科学来说)。

第二章

如何开展学习

教育旨在促进学习者发生有效的改变。这些变化就是我们所谓的学习。如果你想帮助人们学习,那么,了解学习是如何起作用的会颇有益处。简而言之,用于促进学生学习的教学方法,应符合我们所了解的人类大脑的运作机制。这也是本章的一个基本前提。

在本章中,我将通过探讨以下几个主题,简要概述学习是如何起作用的。

要目概览

一、什么是学习

二、学习改变了什么:行为还是知识

三、什么是学习科学

四、迁移的本质

五、如何开展学习:学习的三种隐喻

六、如何开展学习:学习科学的三条原理

七、如何开展学习:学习的认知模式

八、强大的基石:动机和元认知

九、学科学习

十、语词学习的八大要义

一、什么是学习

学习是指由经验引起的学习者知识的变化。这一定义表明学习由三个主要部分构成（见图2.1）：①学习是发生在学习者身上的一种变化；②学习者的知识发生了变化；③这种变化是由学习者的经验引起的。

学习是由经验引起的学习者知识的变化。

①学习是一种变化。
②学习者的知识发生了变化。
③这种变化是由学习者的经验引起的。

图2.1　什么是学习

我们将更加深入、细致地探讨学习的三个组成部分。第一，当人在学习时，发生了什么？学习总是伴随着变化的发生。它是发生于学习者内部的一种相对持久的变化。变化是学习的必然结果。如果你没有产生任何变化，那说明你就没有学习。因此，我们可以得出结论：变化是学习的核心。

第二，当人在学习时，发生了什么变化？如你所知，是人的知识发生了变化。我使用的"知识"这个术语是一个比较宽泛的概念，它包含了**事实**、**程序**、**概念**、**策略**以及**信念**。我们无法通过观察直接得出知识的变化，但可以通过观察学习者行为的变化（如在测验中的回答）来加以推断。

第三，是什么引起了学习？学习是由学习者在环境中的经验引起。当学习者与环境进行互动时，例如，在参与讨论、阅读书籍的一个章节、玩有教育意义的游戏的过程中，学习就发生了。对人类这一物种来说，从经验中学习的能力是一种极其有用的特质，因为这关系到人类的生存。在教学过程中，我们通过有意识地创造学习环境，进一步强化了从经验中学习。当我们通过各种方式创造学习环境，促进学习者的知识发生变化时，这意味着我们就在开展教学活动——这是本书第三章将要探讨的话题。

现在我们来看看你是否理解了学习的定义。请在下列符合学习定义的描述前面打钩（见图2.2）。

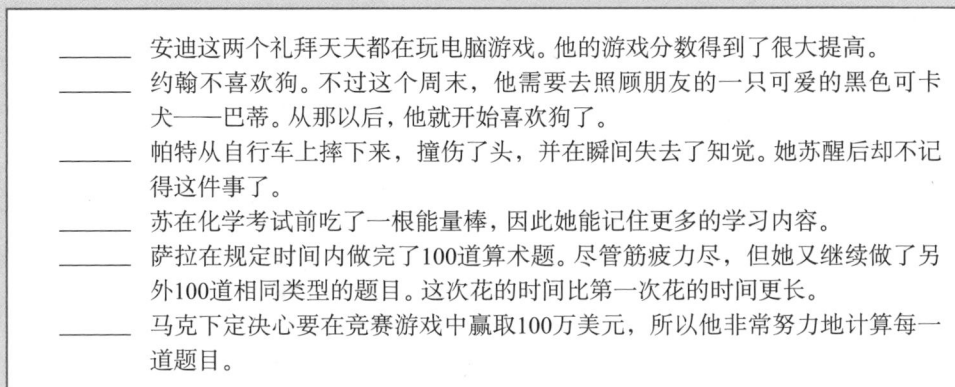

图2.2　你理解学习的定义吗

如果你在第一个例子上打钩，那么，你的理解是正确的。安迪基于自身的经验（玩电脑游戏），使其相关知识发生了变化（通过分数的变化反映出来）。同样，如果你选择了第二个例子，那也符合学习的定义。通过与巴蒂的相处，约翰的知识也发生了变化（他对狗的态度）。只有这两个例子属于学习。

你也许会选择第三个例子，因为这里提到帕特身上的变化（即定义中的前两条）。不过这是由外部物理干预而不是经验（即定义中的第三个要素）所引起的。

你也可能会选择第四个例子。虽然苏的知识变化可以通过成绩反映出来（即定义中的前两条），但这也是由外部物理干预而不是经验（即定义中的第三个要素）所引起的。

第五个例子也有可能引人关注，因为这里也存在一种变化——解答算术题的速度变慢了。不过这是萨拉表现出来的变化而不是知识本身的变化（即定义中的第二个要素），这种变化是由于疲劳而不是经验引起的（即定义中的第三个要素）。

最后，在第六个例子中，马克的竞赛成绩只满足学习定义中的第一个要素（即学习者发生变化）。不过这仅仅是马克的表现发生了变化，而不是知识本身的变化（即定义中的第二个要素），而且这种变化是由马克的动机而不是经验所引起的（即定义中的第三个要素）。

总之，上述每一种情况都包含学习者的一种变化，但后面四种情况中的变化均不是由经验引起的。最后两种情况中的变化甚至都不是学习者知识的变化。

二、学习改变了什么：行为还是知识

如表2.1所示，学习科学的主要争议在于：学习之后所发生的"变化"究竟是什么——是学习者的行为发生变化还是学习者的知识发生变化？学习引起了学习者行为的变化，这种观点成为20世纪前半叶的主流思想，其基本原理认为学习科学应关注诸如行为等可观察的事件，而不是知识等不可观察的事件。而在之后的半个世纪，学习引起了学习者知识变化的观点成为主导——通过观察学习者行为所发生的变化来推断学习者的知识变化。这种学习观点认为基于知识视角的学习观能更好地解释人类复杂的学习行为——这种学习行为远远超越了动物在实验条件下的反应性学习行为。

表2.1 行为主义学习观和认知主义学习观

学习框架	变化的内容	基本原理
行为主义学习观	学习者的行为	行为是可直接观察的
认知主义学习观	学习者的知识	知识是通过行为反映出来的

从图2.3上面一行可以得知，行为主义学习观认为学习者所处环境中发生的事件（例如，在迷宫游戏中向右转的行为得到的奖励），引发了学习者行为的变化（在以后的迷宫游戏中越来越倾向右转行为）。

从图2.3下面一行可以得知，认知主义学习观增加了学习者认知系统这一要素。环境中所发生的事件首先在学习者的认知系统中被理解和表征为知识，继而通过学习者的行为反映出来。

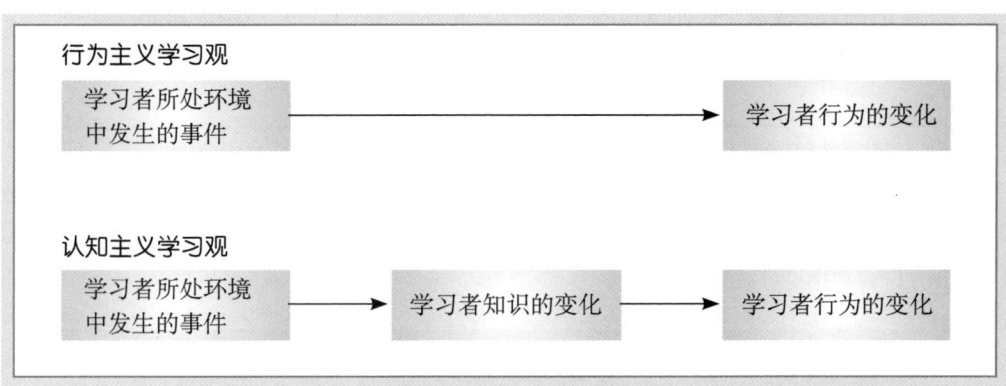

图2.3　行为主义学习观和认知主义学习观

我们可以看出，行为主义者和认知主义者都关注学习者的行为表现上的变化，但认知主义者关注的重点在于，学习者的知识（即事实、概念、程序、策略或信念）究竟发生了什么样的变化。在本书中，我采用了认知主义学习观。

三、什么是学习科学

在导论中，我们已经对学习科学进行了界定（见图2.4），本小节将就此展开深入的讨论。

> **定义**：学习科学是关于人是如何学习的科学研究。
> **目标**：提出有实证依据的"如何学习"的模式。
> **标准**：学习理论是可被检验的。

图2.4　什么是学习科学

学习科学是关于人如何学习的科学研究。它之所以是一门科学，是因为它是建立在实证依据的基础上，而非专家的意见、口号或引文。

学习科学的目标在于就如何开展学习，建立有实证依据的模式。学习科学之所以是一种基于研究的理论，是因为它建立在实证依据的基础上而不以专家的意见、口号或引文为转移。

学习科学的判断标准主要在于该理论是否可验证。你可以根据实证依据，而非专家的意见、口号或引文对该理论进行推测和比较。

可以看出，实证依据是学习科学的核心所在。学习理论应该有实证依据——也就是我所说的**有实证依据的学习理论**。由理查德·谢弗尔森（Richard Shavelson）和丽萨·唐恩（Lisa Towne）编写的提交给美国国家研究委员会的新近报告《教育中的科学研究》（Scientific Research in Education），清晰地阐明了实证依据对于教育研究的重要性。

> 评判科学假说或推断是否有效，主要在于其是否拥有充足的经验证据。科学主张或假说的可证实性或可证伪性是科学研究的重要特征，这是其他研究方式所没有的。（第3页）

一个可验证的表述需要具备哪些特征呢？人们首先应该学会搜集那些决定该表述真伪的数据。尤其要学会清晰地界定教学特征以及如何评估这些特征。例如，图2.5是关于如何开展学习的四项表述，这些表述看起来都采纳了建构主义的观点。请在可验证的表述前打钩。

_____ 学习者积极主动地建构自己的知识。
_____ 学习是一种意义建构的活动。
_____ 积极参与学习过程的学习者比消极参与学习过程的学习者学得更好。
_____ 当阅读科学课本时，能主动生成自我解释的学习者学得更加深入透彻。

图2.5　哪一项表述是可以验证的

　　前两项表述过于含混不清，它们并没有告知应该搜集什么样的数据去加以验证。第三项表述相比前两项表述更进了一步，但对于积极的学习或消极的学习的解释仍旧过于笼统。第四项表述较为具体地解释了如何搜集检验数据，但仍然没有澄清如何评估自我解释以及学习结果。因此，第四项表述可以被认为是可验证的假说，其他三项表述仅仅描述了大致的框架而没有给出可验证的形式。在检验第四项表述时，我们应该检验与建构主义观相一致并能阐明这个表述的推论。以可验证的方式来陈述你的假设是学习科学的重要环节。

四、迁移的本质

1. 什么是迁移

迁移是指原有知识对新知识或新行为所产生的影响。有关迁移的问题，我们需要了解的是，所学知识如何影响人完成新任务的能力（见图2.6）。

> 迁移发生于：
> ① 先前学习中获得的知识。
> ② 影响其解决新任务时的表现。

图2.6　什么是迁移

2. 如何测量迁移

如表2.2所示，我们设计的实验组拥有一种学习经验（它被标记为A）——例如学过拉丁文课程，而对照组则没有这种学习经验。接着，给两组布置一个相同的新任务（它被标记为B）——例如学习西班牙语。

表2.2　实验组和对照组的迁移测试

	学习任务	迁移任务
实验组	A	B
对照组	—	B

如果实验组比对照组更好地完成了迁移任务，那么，我们就可以认为原有的学习对新任务产生了一种**正迁移**作用——这也是教育的主要目的。如果实验组没有比对照组更好地完成迁移任务，那么，我们就可以认为原有的学习任务对新任务产生了一种**负迁移**作用——这是在教育中要力求避免的（见表2.3）。

表2.3　三种迁移类型

迁移类型	迁移任务的表现
正迁移	实验组的表现优于对照组
负迁移	对照组的表现优于实验组
中性迁移	实验组和对照组的表现相同

3. 什么是一般迁移和特殊迁移

表2.4提出了学习科学存在的一个重要争议：是不是具体的学习只能产生特殊迁移，而一般的学习只能产生一般迁移？

表2.4 一般迁移和特殊迁移

迁移广度	具体描述	举例
特殊迁移	任务 A 中的具体行为（程序或事实）和任务 B 的相似。	拉丁语和西班牙语存在相似的动词变位和单词，因此学习拉丁语有助于西班牙语的学习。
一般迁移	尽管任务 A 和任务 B 之间不存在任何共同之处，但学习 A 可以促进心智的发展。	学习拉丁语可以培养正确的思维习惯，因此有助于解决逻辑问题。
混合迁移	任务 A 和任务 B 之间存在相同的普遍性原则或策略。	学习单词的发音有助于拉丁语和西班牙语的单词发音。

在过去100年中，学习科学家就**特殊迁移**进行了大量的实证研究——认为通过操练某一具体任务可以更好地解决迁移任务。但是关于**一般迁移**，学习科学家并未得出有效的研究证据——认为操练某一具体任务并不能有效地解决不同类型的任务。例如，桑代克（Thorndike）及其同事从早期的迁移实验中得出，学习拉丁语对掌握其他学科并没有什么帮助，因而也就没有证据表明学习拉丁语能发展学生的一般心智技能，进而推动一般迁移的发生。然而，迈克尔·普雷思利（Michael Pressley）及其同事最近开展的关于策略教学的研究表明：学习一般策略或原理（如怎样监控自己的阅读理解或怎样概括课文大意），有助于解决多种不同的任务（如阅读不同类型的学习材料）。这就为一般原理和一般策略的特殊迁移，也就是所谓的混合迁移提供了证据。

目前达成的共识为：学习的过程可能要比特殊迁移更宽广，要比一般迁移更狭窄。促进混合迁移的关键在于，明确用于解决多种不同任务的一般策略和一般原理。例如，在阅读学习中，学生掌握了修辞结构的一般概念（如比较、对比、分类或过程中的步骤）后，有助于理解各种说明文；在数学学习中，学生掌握了数轴的一般概念后，有助于学习各种运算程序；在科学学习中，学生掌握了科学实验中控制变量的一般概念后，有助于学会评估各种科学假说。总之，虽然学习看起来涉及具体的学科领域，但是，我们还是能找到适用于特殊领域的一般原理和一般策略。

五、如何开展学习：学习的三种隐喻

100多年以来，学习科学家致力于描述开展学习的特征。他们先后提出了学习的三种隐喻——增强反应、获得知识和知识建构。表2.5针对学习的三种隐喻，从学习的概念、学习者的角色、教师的角色以及产生重大影响的最早时间等方面进行了比较。

表2.5 学习的三种隐喻

名称	概念	学习者的角色	教师的角色	时间
增强反应	增强或削弱联系	奖惩的被动接受者	奖惩的分配者（执行者）	20世纪早期
获得知识	增加记忆信息量	信息的被动接受者	信息的分配者	20世纪中期
知识建构	建构认知表征	意义的主动建构者	认知的指导者	20世纪后期

1. 学习即增强反应

该隐喻认为学习是指一个刺激（例如"2加2等于多少"）和一个反应（例如"4"）之间联系的增强或削弱。教师的角色是激发学生的反应（例如，提问"2加2等于多少"），并随后对学生的行为进行奖赏（例如，如果学生回答"4"，那么教师就会反馈说"正确"）和惩罚（例如，如果学生回答"5"，那么教师就会反馈说"错误"）。学习者的角色在于接受奖赏（自动强化刺激与反应之间的联系）和惩罚（自动削弱刺激与反应之间的联系）。该隐喻的基本观点是：如果行为得到了肯定，那么反应与情境的联系将更为紧密，该行为在今后出现的可能性会增大；如果行为受到了惩罚，那么反应与情境的联系将会被削弱，该行为在今后出现的可能性会减少。学习即增强反应的隐喻在20世纪早期广泛流行，迄今依然是主流理论之一，尤其是针对基本技能的训练。

2. 学习即获得知识

该隐喻认为学习就是增加学习者记忆中的知识输入量（例如，"学习的三种隐喻——增强反应、获得知识和知识建构"）。教师的角色是向学生呈现信息（例如，讲授、阅读或在线展示等），学习者的角色则是接受并储存这些信息。该隐喻强调教师是信息的传播者，学生是信息的接受者，因而该观点有时也被称为**传输模式**（transmission model）。与此类似，该隐喻还认为，学习者的记忆是一个空的容器，需要教师传递信息来将它填满，所以这种观点也被称为**容器模式**（empty vessel model)。学习即获得知识的隐喻在20世纪中期广泛流行,迄今依然是主流理论之一,尤其是针对基本事实的教学。

3.学习即知识建构

该隐喻认为学习是学习者主动建构自身心理表征（例如，关于如何开展学习的心理表征）并由此做出推断的过程。这种观点认为，主动学习发生于学习者在学习过程中进行恰当的认知加工。学习者的角色是理解所呈现的材料的意义，教师的角色是扮演认知指导者，在学习过程中帮助学习者进行认知加工。学习即知识建构的隐喻在20世纪后期广泛流行，迄今依然是主流理论之一，尤其是针对概念和策略的教学。

这三种学习隐喻都建立在研究的基础上。每一个隐喻都曾对学习科学产生了重要的影响，并推动了教育实践的发展。这些理论的提出不过几十年的时间，但是每一种学习隐喻都将持续影响学习理论和教育实践的发展。学习即增强反应的隐喻与认知技能的学习密切相关；学习即获得知识的隐喻与事实学习的关系最为密切；学习即知识建构的隐喻则与概念和策略的学习融为一体。鉴于本书写作的目的，我将着眼点放在学习即知识建构这一隐喻，因为如何促进有意义的学习是我的兴趣所在。

（一）学习即增强反应：桑代克的效果律

作为学习即增强反应隐喻的一个实例，我们先来看看世界上第一位教育心理学家爱德华·L.桑代克（Edward L. Thorndike）所做的第一个实验。你也可以从桑代克于1911年出版的《动物智慧》（*Animal Intelligence*）一书中读到更多关于此项研究的信息。

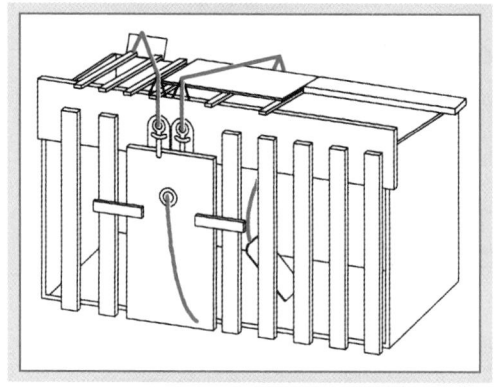

图2.7 桑代克的迷笼装置

1.实验方法是什么

桑代克在1911年发表的关于学习是如何起作用的早期研究中，将饥饿的猫禁闭于迷笼之内（见图2.7）。你可以看到，这个迷笼安装了一个门栓和门连在一起，笼子外面还放着一碗食物。这只猫只要拉动门栓，就可以跑到外面得到食物。桑代克每天都把这只猫放进迷笼中，然后仔细观察猫的行为并且记录它打开门栓逃出来的时间，这样做大约持续了24天。

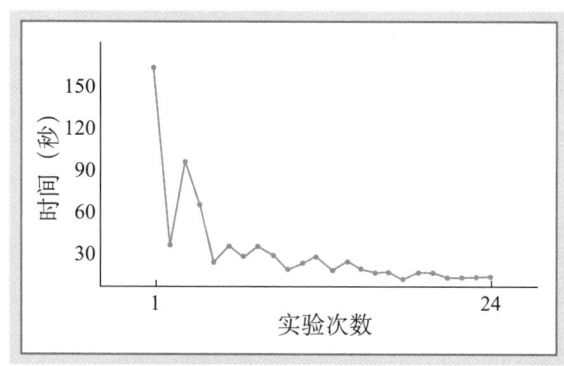

图2.8 猫的学习曲线

2.实验结果是什么

第一天，猫表现出各种尝试的行为，例如乱抓乱咬迷笼的门板、猛扑上去试图翻越以及大声叫嚷。大约在迷笼里待了3分钟后，这只饿猫偶然碰到了门栓，然后就打开了门，这样自然就得到了外面的食物。第二天，猫尝试的动作减少了，打开门栓所花的时间也减少了。在整个24天的实验中，这只猫所做的尝试动作的次数，随着打开门栓的时间的减少而逐渐递减。图2.8表明了这只猫的学习曲线。x轴表示实验次数（从第1天到第24天），y轴表示猫拉动门栓并逃出笼子外面的时间（以秒计）。如你所见，随着学习时间的推移，这只猫打开迷笼所需的时间在不断减少，这意味着猫在学习。这是关于操练次数（即x轴表示的实验次数）和学习量（即y轴表示的解决问题所需时间的变化）之间建立起的数学关系，所得到的第一个科学结果。

3.如何解释实验结果

在桑代克的研究项目中，第三步是要为自己获得的学习曲线提供令人信服的解释。当这只猫第一次进入迷笼时，如图2.9所示，便产生了**习惯族类等级**。习惯族类等级包括刺激—反应联结（S-R），例如被禁锢、饥饿的刺激和猛扑的反应之间的联结。刺激—反应联结也称之为能够形成一个"族"类的"习惯"，因为这些行为都具有共同的刺激——即被禁锢和饥饿。它们形成了一个等级，这些反应会随着刺激强度的变化而变化。

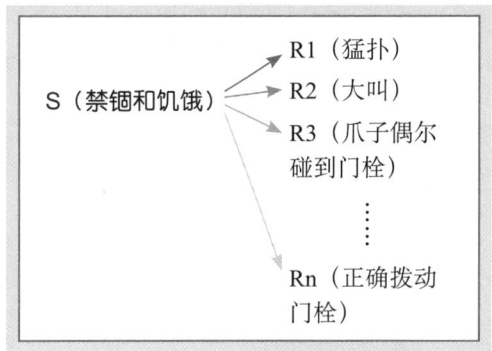

图2.9 习惯族类等级示意图

当这只猫第一次被关进迷笼的时候，它表现出最高等级的反应——例如猛扑。但是因为这一行为没有让它打开迷笼，所以该反应和刺激的联结便弱化了。当它猛扑了几次之后，这种联结就弱化到产生新的反应（例如大叫）。这个新的反应成为新的等级中的最高级。这个动作也没有用，于是也被弱化了。在数次尝试之中，每一个最高等级的反应都重复了数次，而且每次失败之后都得以弱化。最后，这只猫就逐步降级到等级较低的反应，例如在空中挥舞爪子，而正是这个动作使其碰到门栓，并且成功地逃出了迷笼。那么禁锢在迷笼和拉动门栓之间的联结就得以强化。错误的反应在每一次尝试失败之后都会变弱，而正确的反应在每一次尝试成功之后都会增强。习惯族类等级也会随之慢慢发生变化。桑代克将这种现象称之为"**效果律**"，并且给出了如下定义。

> **效　果　律**
> 　　在针对同一个情境所做出的各种反应中，如果伴随或者紧接着出现满足动物意愿的状况，其他条件都不变的情况下，这种反应与情境的联结就会加强，并且这类反应有可能再次出现。如果一种反应伴随或紧接着出现让动物不满足的状况，其他条件都不变的情况下，这种反应与情境的联结就会减弱，因此，做出这类反应的概率也会变小。满足感越强，联结的强化度就越高；厌烦感越强，联结的弱化度也越高。（第244页）

在完成了针对猫、狗和鸡的一系列实验之后，桑代克开始研究效果律是如何在人身上发挥作用的。最终他的研究转向效果律如何对学生的学科学习产生影响。可以说，效果律是操作—练习教学法的基础，它从20世纪早期开始流行，至今仍被广泛应用。著名的学习心理学家斯金纳（B. F. Skinner）也是在此基础上创建了自己的行为主义学习理论。

（二）学习即获得知识：艾宾浩斯的学习曲线

"我们应该从最古老的学科中创造最先进的科学。"让我们从赫尔曼·艾宾浩斯（Herman Ebbinghaus）的经典著作《记忆》（*Memory*）开始介绍他的理论。这本书最初于1885年在德国出版。艾宾浩斯在这本书中展示了关于学习和记忆的第一项实验研究。如果你正在探寻学习科学的起源，那么艾宾浩斯的这本书正是为你所写。

1.实验方法是什么

被试者要以每秒一个字母的速度，大声朗读下面这一行由三个字母组成的音节。如果你有一个节拍器，即用于在演奏乐器时合拍子的工具，那么可以每秒钟打一拍。

TOR NIS DUL XAB VEQ NIZ REH MAF POS

现在请合上书本，大声地从1数到30，然后试着按照顺序写出所有的音节。这类似艾宾浩斯使用的研究方法（他说的是德语，而且运用了其他的测试方式）。首先，他创造了一些无意义的音节——每个音节都是由两个辅音加一个元音构成。其次，他发明了一种**序列学习法**：用一种固定的速度朗读音节列表，直到能够背诵出来。他按照事先预定的实验计划（或者直到能够背诵出来）不断地重复朗读，过一段预定的时间之后就进行自测。最后，他还发明了一种测试学习结果的方法，那就是**记忆保持率**。它可以决定尝试多少次数的学习之后能够将列表背诵出来。第一次学习需要的次数和过一段时间之后再次学习需要的次数之间的差就被称为记忆保持率。

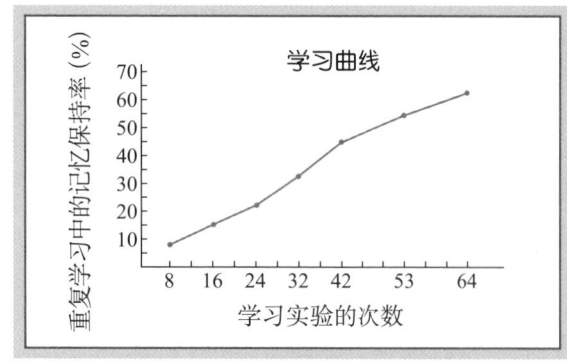

图2.10　艾宾浩斯学习曲线图

2.实验结果是什么

图2.10展示了一条学习曲线，x轴表示尝试学习的次数（即朗读这张单词表的次数），y轴表示经过24小时之后能够保持的记忆比率（也就是和第一次学习花费1270秒相比，再次学习需要花多长时间才能达到测试的标准）。艾宾浩斯是第一个证明操练次数和记忆保持之间存在数量关系的人。

图2.11展示了一条遗忘曲线，随着x轴上学习时间的推移，y轴上的记忆保持率在不断下降（学习13个无意义的音节，平均需要花费1090秒才能达标）。如你所见，

随着时间的推移，学习内容很快就被遗忘了。艾宾浩斯是第一个证明距离初次学习的时间间隔和记忆保持之间存在数量关系的人。

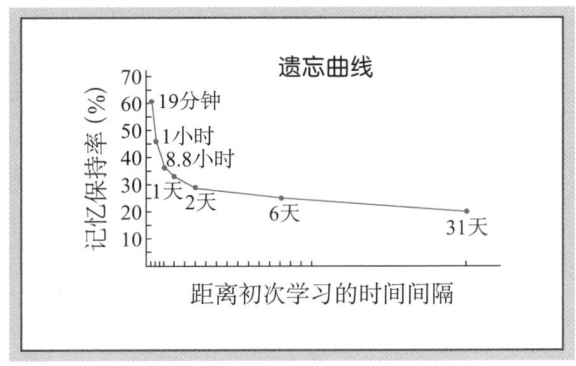

图2.11　艾宾浩斯遗忘曲线图

3.如何解释实验结果

艾宾浩斯关注的是什么因素会影响掌握知识的量。学习曲线表明掌握知识的量取决于你在学习某一材料时投入的操练次数，同时遗忘曲线表明掌握知识的量取决于距离初次学习的时间间隔。如你所见，艾宾浩斯主张的学习即获得知识的观点，他将学习视为在记忆中存储信息的过程。简言之，关于学习是如何发生的，我们可以将艾宾浩斯的观点做如下总结：

随着重复次数的增加，记忆的内容就会变得越来越深刻，以至无法遗忘。（第53页）

艾宾浩斯通过使用随机实验和定量测量的方法，为实施严谨的研究奠定了基调。他的研究旨在确定哪些因素可以增加学习保持的内容。他将学习视为获得知识的观点至今仍具有影响。在教学方式中表现为要尽可能多地为学习者提供信息。例如，充斥大量事实性知识的大部头巨著、课堂上快速滚动的幻灯片上写满文字，你可能对此都十分熟悉。

（三）学习即知识建构：巴特莱特的图式同化

如果要从学习即知识建构的角度举个例子，那么可以从弗雷德里克·巴特莱特（Frederick Bartlett）的经典研究开始，他于1932年出版了《记忆》（*Remembering*）一书。

1. 实验方法是什么

巴特莱特要求一个英国的大学生阅读一个他并不熟悉的民间故事，这个故事来自美国的本土文化，并且要求他在15分钟或30分钟后，根据记忆复述这个故事。然后要求另一个学生依据复述后的故事完成相同的任务。这样要求10个人连续完成相同的任务。整个过程类似于我们经常在操场上玩的"打电话"游戏。下面这个故事名为《鬼战》，讲述了两个凡人遇到一群准备去打仗的鬼的故事。

> **鬼 战**
>
> 一天傍晚，两个来自尤格里纳（Euglac）的年轻人到河里抓海豹。当时雾气朦胧，水流缓慢。接着他们听到了枪炮声，以为这里可能是一个战场。于是，他们就逃到了岸上，躲在一棵大木头后面。然后他们听到了摇动船桨的声音，看见一艘独木船向他们驶来。这艘船上的5个人正在七嘴八舌地议论："你是怎么想的？我们想带你一起去，逆流而上向他们宣战。"
>
> 其中有个人说："我没有箭啊。"
>
> 又有人说道："船上有的是箭。"
>
> "我可不想去，说不定会死的。我的亲人都不知道我去哪里了。但是，你……"说着转向另一个人，"可以跟他们一起去。"
>
> 这个年轻人跟着上船了，其他人都回家了。
>
> 这些战士便逆流而上到了卡拉马（Kalama）边上的一个小镇。他们一上岸便开始战斗，很多人都牺牲了。紧接着，有个年轻人听到其中一个战士说："快点回家吧，印第安人已经被打死了。"这个年轻人觉得他们应该都变成了鬼。他并没有感觉到痛，但是他们却说他被击中了。
>
> 然后独木船又返回了尤格里纳。这个年轻人上岸后回到了家，生起了火。接着他告诉每一个人："大家注意了，我被一群鬼盯上了，他们准备去打仗。我们很多同伴都牺牲了，敌人也伤亡惨重。他们说我被击中了，但是我并没有感到痛。"
>
> 他一口气讲完了，周围也陷入了沉默。当太阳升起的时候，他倒下了。他的口中冒出一股黑色的液体，面容渐渐扭曲。周围的人跳起来号啕大哭，他就这样死去了。

2. 实验结果是什么

当最后一个人（第十个人）复述这个故事的时候，这个故事变得更加短小、连贯了（即从学习者的角度看起来更加连贯）。如你所见，故事中涉及鬼神入侵的主题完全消失（对于学习者来说是陌生的话题），而关于战争的话题（对于学习者来说是较为熟悉的话题）取而代之成为故事的组织框架。创造了许多和战争主题一致的细节，舍弃了和战争无关的细节。

> **鬼　战**
>
> 　　两个印第安人外出到曼帕帕（Manpapan）湾捕猎海豹，遇到了一艘独木船，上面坐着五个准备去打仗的印第安人。
> 　　"和我们一起走吧"，船上的两个人对另外五个人说："去打仗吧。"
> 　　"我不能去"，其中一个人说，"因为家里有一位与我相依为命的老母亲。"另一个人也说不能去，因为他没有武器。"这还不好办吗？"船上的人立即回应，"我们船上有的是武器。"然后这个年轻人就跟着上了船。
> 　　在战争中，这个印第安人受了重伤。他感觉自己的生命走到了尽头，便大哭起来。"胡说八道，你不会死的。"别人这样安慰道。但最后他真的死了。

巴特莱特在观察了10个连续复述的故事之后，发现故事以一种系统化的方式改变，他将此称之为：钝化、锐化和合理化，如表2.6所示。

表2.6　学习和记忆中的三种认知过程

名称	描述	举例
钝化	舍弃特定细节。	地点从尤格里纳变为曼帕帕湾。
锐化	详尽说明特定的重要细节。	将"我的亲人都不知道我去哪里"改为"家里有一位与我相依为命的老母亲"。
合理化	围绕熟悉的话题重新组织故事。	将一个有关鬼魂的故事改为一个有关战争的故事。

3.如何解释实验结果

巴特莱特主张意义学习，其涉及将获取的新信息和既有的图式进行同化的过程。图式就是将知识要素和一致的心理表征相互联系的组织结构。英国的大学生先前并不具备这个故事中关于鬼魂的图式，因此他们将"鬼战"的故事同化为自己更为熟悉的战争（尽管并不合适）图式。依照巴特莱特的观点，当学习者缺少恰当的原有知识时，学习效果就会受到影响，因为学习效果取决于呈现的信息和学习者可以用于同化的原有知识。因此，学习是一种**图式同化**的建构过程，而不是在记忆中增加新呈现的信息的过程。关于记忆，巴特莱特认为学习者是在记忆大体的组织图式（例如战争）和一些故事片段的基础上重构故事。这种记忆方式是一种重构行为，而非信息检索的过程。如你所见，巴特莱特是第一个主张从建构主义视角来分析获得知识的专家，他并不认为在学习中只要记住信息并且能够加以回忆就万事大吉了。简而言之，巴特莱特将学习者视为积极的意义建构者，并为此提供了实证依据。

六、如何开展学习：学习科学的三条原理

如果你想帮助人学习，那么了解人类信息加工系统的运行机制是非常有用的。表2.7总结出了三条基于研究的学习科学的基本原理——**双重通道原理**、**容量有限原理**和**主动加工原理**。任何一个有效的学习理论都应包含这三大基本原理。

表2.7　学习科学的三条原理

原理	定义
双重通道原理	人拥有用于加工言语材料和图示材料的单独的通道。
容量有限原理	每一个通道一次只能加工一小部分材料。
主动加工原理	意义学习发生于学习者在学习过程中进行恰当的认知加工的过程（例如关注相关材料，将其组织成一致的表征，并且与相关的原有知识相结合）。

1.双重通道原理

人拥有两个单独的信息加工通道，即用于加工言语材料的言语通道和用于加工图示材料的视觉通道。大脑中的不同部位分别完成言语的加工和图示的加工，而后产生不同的心理表征。

2.容量有限原理

学习科学最为重要的一个观点是：每一个通道一次只能加工一小部分材料。工作记忆的这种容量限制对如何开展学习有着重要的启示。工作记忆不能加工所有进入其中的信息，因此，人们需要对相关的材料进行选择性关注，并尝试赋予这些材料以意义。受容量加工有限性的限制，人不可能像录音机一样能录入大量的信息。

3.主动加工原理

最后一个原理，意义学习发生于学习者在学习时进行适当的认知加工的过程。主动加工的三个基本过程是：第一，选择相关的材料；第二，组织所选择的材料并形成连贯的表征；第三，将所选择的材料与长时记忆中激活的原有知识进行整合。

（一）双重通道：帕维奥的具体性效应

请阅读下面这张单词表，要求每隔2秒钟读出一个单词。读完之后，合上书本，在30秒之内默写记住的单词。

> tree（树） piano（钢琴） river（河流） truck（卡车） elbow（扶手）
> missile（导弹） hammer（铁锤） caterpillar（履带） book（书本） potato（土豆）

试一试

紧接着阅读下面这组单词，同样要求每隔2秒钟读出一个单词。读完之后，合上书本，在30秒之内默写记住的单词。

> style（风格） effort（努力） quality（质量） truth（真理） encore（加演）
> irony（嘲弄） tribute（礼物） exclusion（拒绝） namesake（名义） cost（价格）

试一试

大多数人在回忆第一组单词时，要比回忆第二组单词做得更好。我们将此称为**具体性效应**。因为第一组单词的意义是具体的，而第二组单词的意义则是抽象的。如何鉴别单词是具体的还是抽象的呢？当你为第一组单词从1（非常抽象）到7（非常具体）打分时，这些单词的得分很高。当人以同样的标准为第二组单词打分时，这些单词的得分则较低。

> 请你为单词 TREE（树）打分：
> 1　　　2　　　3　　　4　　　5　　　6　　　7
> 非常抽象　　　　　　　　　　　　　　　　　非常具体

试一试

艾伦·帕维奥（Allan Paivio）在1971年发表的经典著作《图示加工与言语加工》（*Imagery and Verbal Processes*）中，解释了具体性效应是如何支持以下观点的：就言语和图示而言，人类具有两个单独的加工通道。当人们接收到一个具体的单词（例如树木）信息时，可以通过言语和图示对其进行编码（通过构建树的心理意象）。当人们接收到一个抽象的单词信息时，言语编码不困难但图示编码却很难。依据帕维奥的双重编码理论，人们运用两种编码构建新信息的心理表征，比只用一种编码的效果要好。**图示优势效应**也能证明这个观点，即与以文字呈现的信息相比，人们更容易记住以图示呈现的信息。

（二）容量有限：米勒的神奇数字7

请快速浏览图2.12中的每一个方框，然后说出每个方框中的点数。不要花时间去数里面的点数，只能看一眼就报数，接着再看下一个方框。

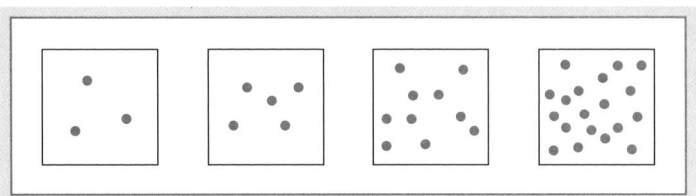

图2.12　米勒的神奇数字7

我们将此称为**注意广度**，这种方式可以了解你一次能够获取多少信息。大多数人在看了第一个方框和第二个方框之后，能够毫不费力地说出"3"和"5"，但是对于后面两个方框中的点数就要估计一下了。如果是这样，那么你的注意广度就是7。乔治·米勒（George Miller）在1956年的经典论文中写道："神奇数字7±2：这就是我们在信息加工时的容量限度。"米勒引用了先前所述的例子作为证据，当点数小于7时，人们能够凭**直觉**辨识出数目。当点数大于7时，人们就要**估算**一下了。这足以证明，人们在工作记忆中加工信息的容量是有限的。

接下来让我们尝试另一项任务。大声地朗读下面的每一行字母，然后合上书本，按照字母的顺序大声地进行背诵。

试一试

J M F
S K Y N L
N F R D M P W B T R
H C T F B N L N Y K S M J K P X G N V

我们将此称为**记忆广度**，这种方式可以了解你在一张表中能够记住多少条目。大多数人能够记住第一行，有的人也可能记住第二行，但是到第三行和第四行的时候，就开始出错了。如果是这样，那么你的记忆广度就是7。米勒将此称为"**神奇的数字7**"，并且注意到，人们对于单音节单词的记忆广度是5，而对于数字的记忆广度是9。这再一次表明人们在工作记忆中加工信息的容量是有限的。

总之，米勒能够提供很多例子来证明**短时记忆容量**（类似于**工作记忆容量**）的极限是7个信息组块。新近研究已经将这个数量减少到5。学习者基于原有知识加工信息，而这决定了组块的多少。例如，记忆5个单词可能涉及25个字母，一个单词便可以作为一个组块。通过运用原有知识来创造更大的组块，能够让人在工作记忆中有效地处理更多的信息。

（三）主动加工：维特洛克的生成学习理论

请阅读下面这段文字，接着用一句话概括这段话的大意，并将其写在下面的横线上。

> 为了让弟弟有所准备，她先写了张字条。因为所有奴隶的信件都要经过专门官员的检查。哈里特就把字条交给一个叫雅各布·詹森的人，这个人暗中协助修建地下铁路。他也是马里兰为数不多的自由黑人之一。雅各布的信件也有可能受到检查，所以哈里特还是要小心一点。他在信中这样写道："我的兄弟们要时刻一心一意地祷告。那强壮的老家伙（暗指火车）从此地经过之日，便是我们准备上车团聚之日。"
>
> 请在此处写出段落大意 _____。
> 哈里特告诉他的兄弟们"准备上车团聚"的意思是：
>
> a. 要小心专门的官员
> b. 准备逃跑
> c. 去见她的父母
> d. 去联系雅各布

在玛琳·多克托罗（Marleen Doctorow）、M. C. 维特洛克（M. C. Wittrock）和卡罗琳·马克斯（Carolyn Marks）合作的研究中，要求高中生阅读一个由几个段落构成的故事（控制组），或者阅读每一段故事之后写一句总结的话（如上文所示）。随后的理解测试得出如下结论：已经写过总结句的学生的得分，要比未写总结句的控制组的得分高出一个标准差（即效应量 $d=1$）。

维特洛克利用**生成学习理论**来解释这个研究结果，即：如果人们能够自己生成一种学习策略，并为学习中的认知加工做好充足的准备，那么他就能进行更加深入的学习。例如，要求学生写总结句的**生成效应**鼓励学习者积极参与认知加工，比如组织材料形成一致的结构，并将其与原有相关的知识相结合。

七、如何开展学习：学习的认知模式

多媒体学习的认知理论为我们呈现了人类信息加工的系统模型（见图2.13）。

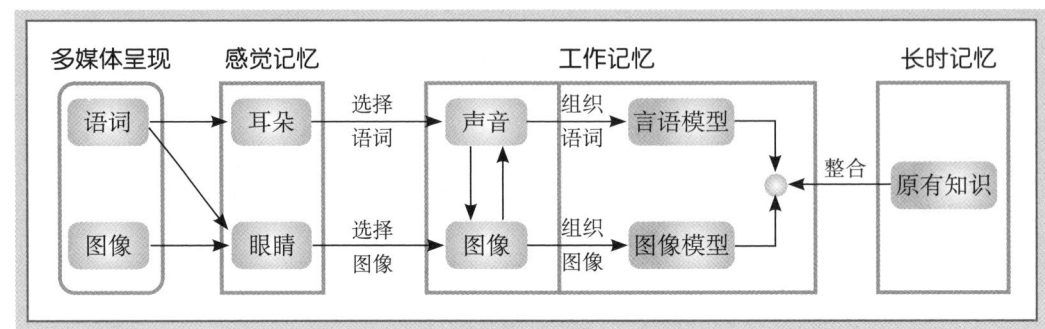

图2.13　多媒体学习的认知理论

我们从图2.13的最左边说起（在"多媒体呈现"下面）。信息以语词和图像的形式呈现给学生（比如，现场演示、纸质书本与在线课程）。语词可以是口头语言或者书面语言，图像则可以是静态形式（比如插图、图表、示意图、地图和照片等）或者动态形式（比如动画或视频）。

再看第二列（在"感觉记忆"下面），语音信息进入耳朵，并在听觉记忆系统（听觉/言语通道）中表征为声音，而印刷文字或图像则进入眼睛，并在视觉记忆系统（视觉/图示通道）中表征为图像。

再看第三列（在"工作记忆"的左半部分），如果学习者注意到感觉记忆中的某些声音，那么这部分声音则可以在工作记忆中进行深入加工（如图2.13中"选择语词"的箭头所示）。同理，如果学习者注意到感觉记忆中的某些图像，那么这部分图像则可以在工作记忆中进行深入加工（如图2.13中"选择图像"的箭头所示）。在这里，书面形式的文字也可以转换成语音形式（如图2.13中从"图像"指向"声音"的箭头所示）。接下来，学习者有意识地将工作记忆中的声音组织成言语模型（如图2.13中"组织语词"的箭头所示）。同理，学习者也有意识地将工作记忆中的图像组织成图像模型（如图2.13中"组织图像"的箭头所示）。

在最后一列"长时记忆"中，学习者可以激活长时记忆中储存的原有知识，与工作记忆中的言语模型和图像模型进行整合（如图2.13中"整合"的箭头所示），最终整合得到的学习成果将再次存储到长时记忆中。

1. 学习科学的三条认知原理

多媒体学习的认知理论与前面所谈到的学习科学的三条基本原理是一致的。

（1）**双重通道原理**。图2.13中的第一行"语词—耳朵—声音—言语模型"代表了言语通道。在这个通道中，学习者积极建构言语表征；图2.13中的第二行"图像—眼睛—图像—图像模型"代表了图示通道。在这个通道中，学习者积极建构图像表征。

（2）**容量有限原理**。图2.13中的"工作记忆"一次只能保留并加工一小部分经过选择的语词和图像。

（3）**主动加工原理**。图2.13中的所有箭头都代表了学习者主动的认知加工过程，比如，选择相关的语词和图像进行深入加工；组织所选择的材料并形成连贯的表达；将语词和图像进行整合之后，再与长时记忆中激活的已有知识进行整合。

2. 原有知识在学习中的核心地位

如你所见，原有知识储存在图2.13中最右边的"长时记忆"中。原有知识包含一系列的图式，这些图式是连接知识要素、形成内在一致的心理表征，它们可以被转移到工作记忆中（如图2.13中"整合"的箭头所示）。工作记忆的容量是有限的，所以一次只能加工一小部分知识要素。

当图式进入工作记忆后，它可以帮助指导学习者选择和组织知识要素，使其形成内在一致的知识结构。在这个过程中，学习者个人的知识要素可以被组织成一个单一的知识结构，而这个知识结构又被作为单一的知识要素。基于这种方式，工作记忆一次就能加工更多的信息。原有知识在学习中扮演着重要的角色（见表2.8），具体表现为：①选择和组织新进入的知识要素，以指导整个知识建构过程；②把大量知识要素组织成一个单一的知识结构，从而使工作记忆能加工更多的信息。

表2.8　原有知识如何促进学习

作用结果	作用过程
指导工作记忆中的知识建构过程。	从长时记忆中提取出图式，为选择和组织新进入的知识要素提供组织结构。
允许工作记忆加工更多的信息。	大量个体的知识要素被组织成一个单一的知识结构，从而使容量有限的工作记忆能加工更多的信息。

（一）意义学习的三种记忆模式

表2.9呈现了意义学习的三种记忆模式，即：

（1）**感觉记忆**。它以原有的感知的方式表征信息。这种记忆模式的容量很大，只能维持很短的时间（大约只有1/4秒）。语音信息进入耳朵，会在听觉记忆系统（听觉/言语通道）中表征为声音。而印刷文字或图像进入眼睛，会在视觉记忆系统（视觉/图示通道）中表征为图像。

（2）**工作记忆**。它以经过组织的方式表征信息。这种记忆模式的容量很小，除非及时进行主动加工，否则其维持的时间是很短暂的（不到半分钟）。

（3）**长时记忆**。同工作记忆一样，长时记忆也以经过组织的方式表征信息，它的容量很大，且能维持很长一段时间（许多年）。

表2.9 意义学习的三种记忆模式

记忆模式	方式	持续时间	容量
感觉记忆	感知的	非常短暂	大
工作记忆	组织的	较短	小
长时记忆	组织的	较长	大

人类信息加工系统的结构特征对我们了解学习行为有重要的启示。相对其他两种记忆模式的容量来说，很明显，工作记忆的有限容量是人类信息加工系统的瓶颈所在。为了弥补这一不足，学习者必须更加仔细地选择进行深入加工的相关信息，运用已有的知识结构（即**图式**），把这些信息组织成一个连贯的表征，帮助学习者组织所接收的信息，以便减少记忆模式的容量负担。因此，我们天生就是意义的建构者。

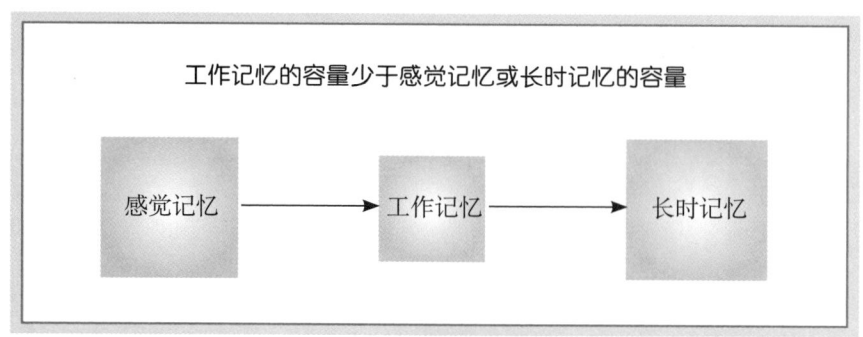

图2.14 三种记忆模式

(二)意义学习的三种认知过程

从多媒体学习的认知理论图中（见图2.13），我们可以发现三种基本的认知过程（见表2.10）。

（1）"选择"。对所呈现的语词和图像的相关部分予以注意。

（2）"组织"。对已经选择的语词进行组织，以形成连贯的言语模型；对已经选择的图像进行组织，以形成连贯的图像模型。

（3）"整合"。将声音表征和图像表征相互联系起来，并与原有知识相结合。

表2.10　意义学习的三种认知过程

认知过程	具体描述	加工场所
选择	注意相关的语词和图像。	把感觉记忆中的信息转换到工作记忆中。
组织	对已经选择的语词和图像分别进行组织，以形成内在一致的心理表征。	在工作记忆中深层加工信息。
整合	将声音表征和图像表征相互联系起来，并与原有知识相结合。	把长时记忆中的知识转换到工作记忆中。

上述认知过程是推动人类信息加工系统产生学习活动的本质所在。为了能在多媒体环境中产生意义学习，学习者必须积极参与这三种认知加工过程，即选择、组织和整合新信息（见图2.15）。**主动学习**是指学习者在学习过程中主动进行这三种认知加工。从工作记忆指向长时记忆的箭头代表了信息的编码过程。

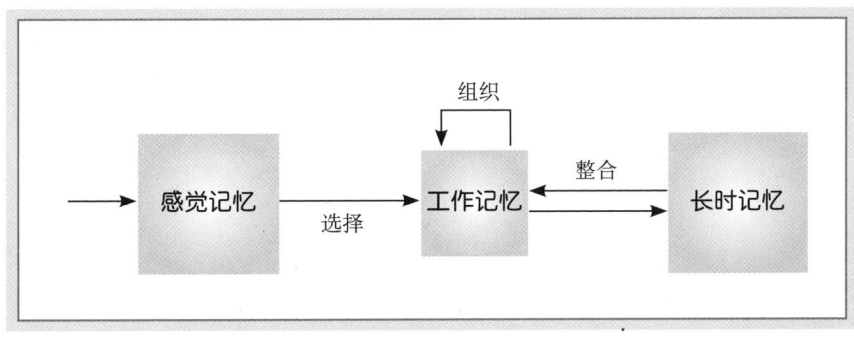

图2.15　意义学习的三种认知过程

八、强大的基石：动机和元认知

在对如何开展学习的论述中，我们忽视了什么呢？如图2.16所示，人类认知加工的过程一般从左往右循序渐进（从外部世界向内部心理世界）地发展——我们从外部世界提供的材料中选择相关的信息，然后把这些材料组织成一个连贯的表征，并与原有知识进行整合。那么是什么引起并维持这一认知过程呢？是什么指导这一认知过程呢？我们应该怎么做呢？

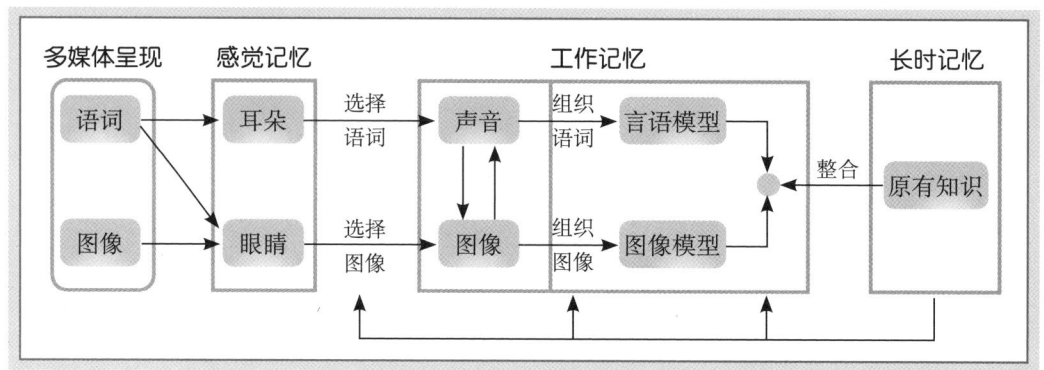

图2.16 元认知控制和动机学习下的多媒体学习的认知理论

我们可以发现，图2.16的原有流程并未解释学习者如何知道何时运用适当的认知加工（我们称其为"**元认知**"），以及学习者为何要使用这些认知加工（我们称其为"**动机**"）。图2.16的最下面增加了从长时记忆出发，返回指向选择、组织和整合加工过程的箭头，由此可以看出学习者对学习过程的贡献。这些新增的箭头从图的右侧指向左侧，从内部心理世界指向外部世界（由内而外）。这是对前述多媒体学习的认知理论的补充和完善。这些新增的箭头旨在突出动机和元认知在学习过程中的作用，我们需要进一步阐明它们是如何发挥作用的。我们将在下文简要介绍动机和元认知（它们被称为"强大的基石"）的作用。

（一）学习动机

1.学业动机在学习中的作用

假设在一堂精心设计的计算统计检验课中，艾弗里（Avery）十分努力，她通过上课记笔记、向老师询问不懂的地方、不断反复练习直到答对为止等方式，尽力掌握这门课程。而贝丝（Beth）则学习无所用心，听课也没精打采。在这种情况下，我们可以认为艾弗里的学习兴趣十分高昂，而贝丝对学习则无所用心。

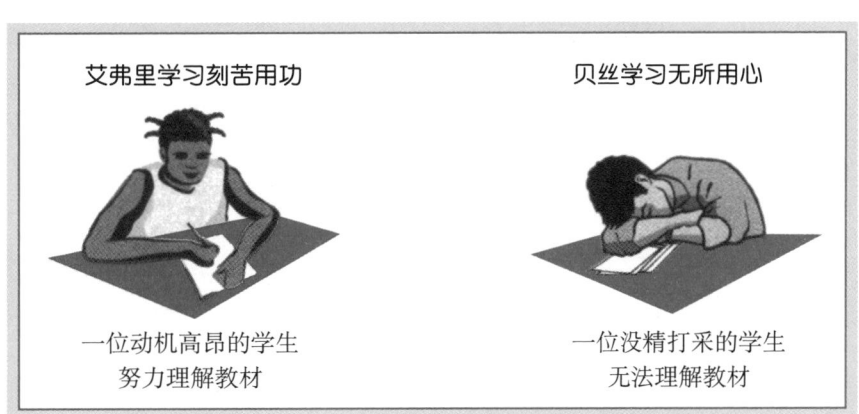

图2.17 两个学生不同的学习动机

学习动机（有时也被称为**学业动机**）反映了学生愿意为理解学习材料付出的努力——即参与选择、组织和整合的认知加工过程（见图2.16）。除非学习者付出努力进行适当的认知加工，否则不会发生意义学习。基于此，学习动机（或简称**动机**）是意义学习的先决条件。

2.什么是动机

动机是激发和维持个体行为，并指向一定目标的内部状态。如表2.11所示，动机的定义包含四个组成部分——动机针对的是个体，其具有激发功能、维持功能和指向功能。

表2.11 动机的四个组成部分

组成部分	具体描述	定义部分
针对个体	发生于学生内部的心理过程	动机是一种内部状态
激发功能	激发行为	激发
维持功能	维持行为的持久性和强度	维持
指向功能	旨在实现目标	目标导向的行为

在学习环境中，动机激发并维持着学习者付出的努力，使其积极参与学习材料的认知加工过程，从而理解需要学习的材料。

3. 动机是如何发挥作用的

表2.12是一份关于如何看待自己作为一个学习者的调查问卷。请根据你的实际情况，如实地选择与你相符的答案（数字1代表完全不赞同，数字7代表完全赞同）。请放心，此次调查是匿名的。

表2.12 关于学习的问卷

我对关于学习的研究很感兴趣。							
完全不赞同	1	2	3	4	5	6	7 完全赞同
我擅长学习这本书提供的材料类型。							
完全不赞同	1	2	3	4	5	6	7 完全赞同
如果我在单元测试中表现很差，那多半是因为我不够刻苦努力。							
完全不赞同	1	2	3	4	5	6	7 完全赞同
在阅读这本书的过程中，我的目标是在测验中比其他人表现得更好。							
完全不赞同	1	2	3	4	5	6	7 完全赞同
在阅读这本书的过程中，我感到就像在跟作者促膝长谈。							
完全不赞同	1	2	3	4	5	6	7 完全赞同

上述问卷中的每一个问题都反映了学习动机的一种理论。第一个问题反映了基于兴趣的动机，第二个问题反映了基于自我效能信念的动机，第三个问题反映了基于归因的动机，第四个问题反映了基于目标的动机，最后一个问题反映了基于社交伙伴的动机。在所有的动机认知理论中，以下五种动机理论是最为流行的：

（1）**基于兴趣的动机**。该理论认为当学生认为学习材料对他有价值或他十分感兴趣时，他便会更加刻苦努力地学习。例如，如果学生喜欢统计学并认为其对职业规划和个人利益有价值，那么他将会更加努力地学习统计课程。

（2）**基于信念的动机**。该理论认为当学生坚信自己努力学习将会获得回报时，他便会更加努力地学习。拥有高效能感的学生认为自己能很好地完成某一特殊的学习任务（比如学习统计学），他愿意为此付出更多的努力。

（3）**基于归因的动机**。该理论认为当学生把学业成败归因于学习努力程度，而不是能力或其他因素时，他便会更加努力地学习。如果把学业成败归因于努力程度（即把学业成败归因于自己是否努力）的学生，想获得成功，那么他们更倾向于在学习过程中付出更多的努力。

（4）**基于目标的动机**。该理论认为当学生的学业目标是良好的表现（**表现取向目标**）或是掌握学习材料（**掌握取向目标**），而不是避免较差的表现（**表现回避目标**）时，他便会更加努力地学习。也就是说，学生持何种学业目标将影响他们在学习中投入的精力。

（5）**基于社交伙伴的动机**。该理论认为当学生把教师视为共同学习的社交伙伴时，他便会更加努力地学习。**社会代理理论**认为，教师运用对话形式进行教学或提出带有个人感情的意见，都有助于营造一种社交氛围，让学生在学习团队中找到归属感。

表2.13　五种动机理论

理论基础	具体描述	举例
兴趣	当学生认为学习资料对他有价值时，他会更加努力地学习。	我很喜欢。
信念	当学生坚信自己努力学习将会获得回报时，他会更加努力地学习。	我很擅长。
归因	当学生把学业成败归因于努力学习的程度时，他会更加努力地学习。	我的成败取决于努力程度。
目标	当学生的目标是掌握学习材料时，他会更加努力地学习。	我很想学。
伙伴	当学生把教师看成社交伙伴时，他会更加努力地学习。	大家一起学。

以上五种动机理论并不是互相排斥的，任何一条都不具有排他性。事实上，对动机的深入研究为上述五种动机理论提供了实证支持。

经典动机理论大多来源于对动物的研究，其研究对象往往是饥饿的老鼠。而且它认为动机是建立在"驱力减弱"的理论基础上的——即人会设法满足生理需求，比如，对食物、饮水以及探索等的需求。与经典动机理论不同，现代学业动机理论（即研究推动学生在校努力学习的因素）大部分源于对人的研究，其研究对象通常是在校学生。这些理论认为动机是建立在学习者的认知基础上的。任何一个完整的学习理论都必须考虑动机对学习的影响。

（二）学习的元认知

你了解自己的学习方式吗？你是如何学习本书的呢？为了更好地回答这个问题，请你完成下面这份问卷调查（见表2.14）。

表2.14　关于学习的问卷调查

请在与自身情况相符的选项前的横线上打钩。
1. 在阅读本书时，我尽量把它与所学知识联系起来。 　　____从不　　　____很少　　　____偶尔　　　____经常　　　____总是
2. 如果在阅读过程中遇到困惑，那么我会返回去把它弄明白。 　　____从不　　　____很少　　　____偶尔　　　____经常　　　____总是
3. 在深入学习本书某部分的新知识前，我通常会先浏览一下这部分内容的结构。 　　____从不　　　____很少　　　____偶尔　　　____经常　　　____总是
4. 每次读到本书的观点或结论时，我都会思考其他不同的可能性。 　　____从不　　　____很少　　　____偶尔　　　____经常　　　____总是

这个小练习给出了在评估元认知能力的问卷时可能会出现的典型题目——你是如何了解自己的学习方式以及控制学习过程的。这些题目是在保罗·平特里克（Paul Pintrich）和戴尔·申克（Dale Schunk）所编的激励型学习策略量表（MLSQ）的基础上改编而来的。

1.元认知与动机之间的关系

元认知策略涉及关于如何改进学习的个体知识。当然，仅仅拥有元认知知识是不够的，你必须学会在学习中适当地使用元认知策略。也就是说，即使你知道如何帮助自己学习，你也必须付出学习所需的努力。

2.什么是元认知

元认知是指个体对自己认知过程的认识和控制。仅从学习层面来看，元认知指的是学习者关于自己如何学习的知识（即学习过程中的认知加工），以及对学习过程的控制（即控制认知加工过程）。如表2.15所示，元认知包括元认知意识和元认知控制。

表2.15　元认知的两大组成部分

成分	定义	举例
元认知意识	关于个体如何学习的知识。	我知道释义有助于学习复杂的观点。
元认知控制	关于调节和控制个体学习的知识。	我注意到自己在理解这个定义时存在困难，因此我尝试用自己的话重新对其进行定义。

3.什么是理解监控

理解监控是对阅读内容理解程度的认识。请阅读艾伦·马克曼（Ellen Markman）曾用于研究中的文章片段，并说出你是否理解文章的意思。

> **鱼的故事**
> 海洋中生活着许多不同种类的鱼。其中一些鱼类生活在海洋表层，而另一些鱼类则生活在海洋底部。海洋底部没有任何光源。生活在海底的鱼类通过识别颜色来获取食物，它们只吃红色的菌类。

马克曼研究发现，几乎所有小学生都没有发现"海底没有光"和"生活在海底的鱼能看得见食物的颜色"之间的矛盾。如果你在阅读文本的过程中能够辨识出这种矛盾，那么说明你正在参与理解监控的过程。这个例子表明理解监控是一种特定类型的元认知，即随着学习者在阅读过程中经验的积累，这种理解监控的能力也随之增强。

4.元认知在学习中的作用

元认知在学习中发挥着重要的作用，它能够指导学生对学习材料进行认知加工。**自我调节学习者**既具备元认知意识——知道什么是对自己有用的学习策略，又具备元认知控制的能力——知道运用这些策略的合适时间。因此，具备自我调节能力的学习者能够理解自己的学习方式，并对调节和控制自己的学习过程负责。教育的一个主要目标便是帮助人们成为一个具备自我调节能力的学习者。任何一个完整的学习理论都必须考虑学习者的元认知加工对学习的影响。

九、学科学习

研究者在尝试建构学习理论的过程中，表现出以下三种研究取向——一般学习理论、微型学习模型和学科心理学（如表2.16所示）。

表2.16　学习理论的研究取向

研究取向	适用范围	典型案例
一般学习理论	所有情境	老鼠学习走迷宫或是人记住单词表。
微型学习模型	小型任务	人学会解决一个特定类型的难题。
学科心理学	具体学科	人学会阅读、写作或解决算术问题。

1.一般学习理论

学习科学在其早期发展历程中致力于构建适用于所有学习情境的一般学习理论。桑代克的效果律就是尝试构建一般学习理论的一个例子。这种通用学习理论的研究是建立在人工实验的基础上的——比如饥饿的老鼠是如何走出迷宫或者人是如何背诵单词表的。到了20世纪中期，学习科学领域产生了大量互相矛盾的一般学习理论，以至无法就一个统一的学习理论达成共识。简而言之，一般学习理论的研究过于宽泛。

2.微型学习模型

由于一般学习理论的研究过于宽泛，所以研究者开始舍弃这种研究取向，转而开始描述具体实验任务中的学习和认知加工的过程。例如，在一个线性任务中，你要判断"如果汤姆比皮特高，皮特比杰克高，那么汤姆一定就比杰克高"是否正确。大部分微型学习模型在沿袭传统人工实验的同时，更加关注人类而非动物的研究。到20世纪80年代，人们意识到，大量微型模式的简单集合并不能成为一种学习理论。简而言之，微型学习模型的研究过于狭窄。

3.学科心理学

随后发生的一些令人振奋的事情改变了学习科学的面貌。在寻求建立一般学习理论，以及在人工任务中建立微型理论均失败之后，研究人员开始关注真实情境中的学习，其中包括与教育相关的情境。这种研究的一大成果就是要把学习科学应用于阅读、写作、数学等具体学科。简而言之，学科心理学的研究取向被证明是正确的。

介绍学校学科学习研究超越了本书所要探讨的范围。关于学科心理学在阅读、写作、数学、科学和历史等具体学科方面的研究，可以参见表2.17列出的代表性研究结果。

表2.17 学科心理学的研究进展

学科	样例	代表性研究结果
流畅阅读	大声朗读单词。	音素意识（指能辨别并识读语音）是学习阅读的前提条件。
阅读理解	总结文本的观点。	学习者的原有知识会影响其对文本的理解。
写作	根据指定主题写一篇文章。	成功的作家在动笔之前往往先进行构思。
数学	解答一道应用题。	数感（比如数轴的概念）是解决数学问题的前提条件。
科学	预测实验结果。	学习可能促使概念发生转变（学习者发现自己现有的概念与观察到的事物相矛盾）。
历史	评判观点。	专家更倾向于考证信息来源的可靠性。

我所著的《学习和教学》一书提出了在学习中理解核心学科知识的新见解，能为改进教学提供有益的启示。以下这段话是我对学科心理学给出的界定：

> **什么是学科心理学**
> 传统实验心理学是倾向于研究人类学习、发展和思维的一般学习理论，而当今的教育心理学则试图去建立具体学科领域的学习理论。例如，当今的教育心理学探讨更多的是"人如何学习解决数学问题""人如何培养数学能力""人如何形成数学思维"等具体学科领域的学习问题，而传统实验心理学则致力于回答"人如何学习""人如何发展""人如何思维"等一般学习领域的问题。通过研究更为真实的学校情境而不是人工的实验情境，我们能建构更多关于人如何学习、发展和思维的具有现实意义的学习理论。（第31—32页）

学科心理学的研究领域已经拓展到成人职业技能培训，它涉及如何成为一个高效的领导者、如何解决计算机的问题、如何成为一个教学设计者。同样，这种研究方式也可以应用到专业的培训中，例如医学、法律和商业。

十、语词学习的八大要义

早在19世纪后期,心理学家就对人是如何学习语词进行了深入的研究。在**自由回忆列表**学习中,每秒钟呈现一个语词后,要求学习者不限顺序地回忆刚才出现的语词。在**序列列表**学习中,每秒钟呈现一个语词后,要求学习者按照一定顺序回忆刚才出现的语词。在**配对联想**学习中,成对呈现一组语词,在回忆时,提供每对语词中的第一个语词,要求学习者回忆出与之配对的另一个语词(见表2.18)。

表2.18 三种语词学习方法

方法	具体描述	举例
自由回忆列表学习	一次呈现一个语词,不限顺序回忆语词。	学习美国的50个州。
序列列表学习	一次呈现一个语词,按顺序回忆语词。	背诵字母或星期几。
配对联想学习	一次呈现每对语词中的第一个语词,回忆与之配对的另一个语词。	学习10个与英语相对应的西班牙语单词。

表2.19(根据括号中的页码,可以找到本书的相关论述)中罗列的语词学习的八大要义是建立在研究人学习语词的基础上的。这些精选的学习效应都与实际的学习任务息息相关。如你所见,前两项研究结果分别为学习曲线和遗忘曲线,可以用于多种不同的学习情境中。学习需要努力并且需要定期的不断激励。

接下来的两项研究结果是具体性效应和记忆广度效应,反映了人类学习系统的两大特征——语词和图像两个独立的加工通道(又被称为"**双重通道原理**"),以及通道加工信息的容量限制(又被称为"**容量有限原理**")。

剩余四项研究成果反映了人类学习系统的第三个特征——要求学习者在学习过程中参与适当的认知加工。这些研究结果表明,学习是对新信息进行心理组织,并将它同已有知识进行同化的过程。也就是说,学习是一种意义建构活动,而不是简单地在记忆中添加信息的过程。

为什么我要在探讨意义学习的书中呈现语词学习呢?因为过去几十年针对语词学习的研究得到了一个普遍的结论,即在不利的学习环境中,学习者也会表现出意义建构的学习方式。我将在本书第三章探讨这些研究结论给教学带来的启示。

表2.19 语词学习的八大要义

研究结论	具体描述：是什么	启示：有什么重要的观点
学习曲线（第26页）	语词学得越多，进步就越大。	学习结果取决于学习时间。
遗忘曲线（第27页）	学习语词的时间间隔越久，遗忘就越多。	遗忘取决于学习时间间隔。
具体性效应（第31页）	具体语词比抽象语词更容易记住。	产生学习的认知系统拥有语词和图示两个独立的加工通道。
记忆广度效应（第32页）	在一次呈现之后，人能记住的语词不超过7个。	产生学习的认知系统加工容量有限。
自由回忆归类	人倾向于通过类属而非呈现顺序来回忆语词（如家具、身体部位、专业等）。	学习过程中的组织加工会影响学习效果。
解除前摄干扰	当语词源于同一类别时，记忆效率会下降；当语词源于新的类别时，记忆效率则会恢复。	学习就是新旧知识的同化。
情境关联学习	当测试情境同日常学习情境相似，人们能记住更多的语词。	学习发生在具体的情境中。
加工水平	如果人在学习过程对语词进行深入加工，那么他们能记住更多的语词。	学习过程中的生成性加工会影响学习结果。

第二章 如何开展学习

参考书目与推荐阅读

第14—17页

Bransford, J. D., Brown, A. L., & Cocking, R. R. (Eds.). (1999). *How people learn.* Washington, DC: National Academy Press.

本书受国家研究委员会委托,由一组卓越的研究人员撰写,主题为人是如何学习的实证研究。

Mayer, R. E. (2008). *Learning and Instruction* (2nd ed.). Upper Saddle River, NJ: Pearson/Merrill Prentice Hall.

本书是阅读、写作、数学和科学等学科领域的学习研究的最新总结。

第18—19页

Shavelson, R. J., & Towne, L. (Eds.). (2002). *Scientific research in education.* Washington, DC: National Academy Press.

本书总结了大家一致认可的开展教育科学研究的六项原则。

第20—21页

Pressley, M., & Woloshyn, V. (1995). *Cognitive strategy instruction that really improves children's academic performance.* Cambridge, MA: Brookline Books.

本书对培训策略的研究做出了评论。

Thorndike, E. L., & Woodworth, R. S. (1901). The influence of improvement in one mental function upon the efficiency of other mental functions. *Psychological Review, 8,* 247-261.

本文是关于迁移的一项经典研究。

第22—29页

Bartlett, F. C. (1932). *Remembering.* London: Cambridge University Press.

本书是学习科学方面的经典著作,重在说明研究意义学习的重要价值。

Ebbinghaus, H. (1964). *Memory*. New York: Dover. [Originally published in German in 1885.]

本书是关于学习科学的经典著作,描述了世界上第一个关于学习的实验。

Thorndike, E. L. (1911). *Animal learning*. New York: Macmillan.

本书是世界上第一本教育心理学著作,也是学习科学的经典著作。

第30—33页

Doctorow, M., Wittrock, M. C., & Marks, C. (1978). Generative processes in reading comprehension. *Journal of Educational Psychology, 70*, 109-118.

这篇奠基性论文为维特洛克的生成学习理论提供了证据。

Miller, G. (1956). The magic number seven, plus or minus two: Some limits on our capacity for processing information. *Psychological Review, 63*, 81-97.

这篇奠基性论文标志着学习科学中认知革命的开始。

Paivio, A. (1971). *Imagery and verbal processes*. New York: Holt, Rinehart and Winston.

这本学习科学的经典著作促使大家关注图像表征和言语表征之间的差异。

Wittrock, M. C. (1989). Generative processes in comprehension. *Educational Psychologist, 24*, 345-376.

本文阐述了维特洛克的生成学习理论。

第34—37页

Mayer, R. E. (2009). *Multimedia learning* (2nd ed.). New York: Cambridge University Press.

本书依据多媒体学习理论,阐述了学习是如何开展的。

第38—43页

Markman, E. (1979). Realizing that you don't understand: Elementary school children's awareness of inconsistencies. *Child Development, 50*, 643-655.

McCormick, C. B. (2003). Metacognition and learning. In W. M. Reynolds & G. E. Miller(Eds.), *Handbook of psychology* (vol.7; pp.79-102). New York: Wiley.

这两篇文章对学习中的元认知研究与理论进行了综述。

Moreno, R., & Mayer, R. E. (2006). Interactive multimodal learning environments. *Educational Psychology Review, 19*, 309-326.

本文提出了认知——情感的多媒体学习模式，包括用箭头来表示动机和元认知的作用。

Pintrich, P. R., & Schunk, D. H. (2002). *Motivation in education.* Upper Saddle River, NJ: Pearson/Merrill Prentice Hall.

本书对学习动机的研究与理论进行了综述。

第44—45页

Mayer, R. E. (2008). *Learning and instruction* (2nd ed.). Upper Saddle River, NJ: Pearson/Merrill Prentice Hall.

本书对阅读、写作、数学和科学等学科领域的学习研究进行了最新总结。

第46—47页

Tarpy, R., & Mayer, R. E. (1978). *Foundations of learning and memory.* Glenview, IL: Scott, Foresman & Co.

本书纵览了关于学习的经典研究。

第 三 章

如何开展教学

在我们理解了如何在教育情境中开展学习之后，下一步就是应用学习科学，创建促进预期学习结果的教学模式。教学是教师努力改变学习者知识的过程。教学科学关注的是辨别学习科学所建议的教学方法，决定是否运用、何时运用以及如何运用这些教学方法。

当你考虑运用某一种教学方法时，你就要设法回答其发挥了什么作用、是什么时候发挥作用的，以及如何发挥作用的。

本章将通过下面列举的主题，对如何开展教学——进行阐述。

要目概览

一、什么是教学

二、什么是教学科学

三、什么是教学目标

四、如何开展教学：认知容量的三个要求

五、如何开展教学：三种教学场景

六、课堂学习的十二条教学设计原则

七、有效学习的八条教学设计原则

八、在学习中如何指导认知加工

九、三条流行却受到质疑的教学原则

十、对主动教学与主动学习的进一步探讨

一、什么是教学

教学是教育者为促进学生学习而对学习环境加以操控的过程。这个定义有两层含义：其一，教学是教育者发出的行为；其二，它的目的是帮助学生进行学习（见图3.1）。

具体来说，第一，教学是对学习环境的操控，这种行为体现在教学过程中教育者发出的微笑或者做出的手势。对学习环境的操控可称之为"**教学方法**"（或者"**教学处理**"）。

第二，教育者对学习环境的操控是为了引发学习者的知识产生变化。我们说某种教学方法或者教学处理有效，这意味着其有目的地使学习者的知识发生了变化。

> 教学是教育者为促进学生学习而对学习环境加以操控的过程。
> ①对学习者的经验进行操控。
> ②目的是促进学习者的知识发生变化。

图3.1　什么是教学

图3.2指出了教学、学习和评估三者之间的关系。教学的目的旨在创设一种能引发学习者经验的教学环境，这种经验反过来会促进学习者的知识产生变化（图3.2中"操控"到"经验"和"经验"到"知识"的箭头所示）。学习是由学习者的经验所引起的知识的变化（图3.2中"经验"到"知识"的箭头所示）。简而言之，脱离学习来谈教学是不可能的，因为学习本身就是教学目标的一部分。图3.2中的最后一步"学业表现"涉及学到了什么，这是评估教学是否有效的必要步骤，目的为了帮助教师根据学习者的表现，判断其知识是否发生了变化（图3.2中"知识"到"学业表现"的箭头所示）。

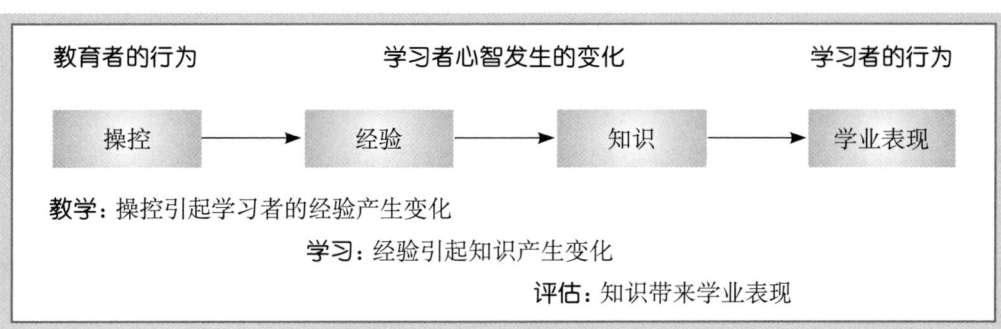

图3.2　教学、学习和评估三者之间的关系

教学过程中有两个重要的角色,即教育者和学习者。教育者的作用是创设能引发学习者经验的学习环境,且这种经验能促进学习者的知识产生变化("教育者的行为")。学习者的任务是与环境互动来创造各种经验,以引起自身知识的变化("学习者心智发生的变化")。我们可以从学习者在测验中的表现,来判断学习者的知识是否发生了变化("学习者的行为")。简而言之,教育者和学习者所扮演的角色就是:教育者创设某种教学环境;学习者体验由教育者所创设的学习环境。

总之,当教育者对学习环境的操控引起了学习者的经验,而这些经验又反过来促进学习者的知识产生改变时,这就是教学;经验促进学习者的知识产生改变的过程,这就是学习;考查学习者由所学知识引起的某种学业表现,这就是评估。

二、什么是教学科学

在导论中，我们对"教学科学"做出了界定，这一小节将对其进行进一步的阐释（见图3.3）。

教学科学是关于如何帮助人学习的科学研究。它之所以具有科学性，是因为这些教学原则是可以验证的。它不是建立在某种流行观点、意识形态或普适惯例的基础上。

> **定义**：教学科学是关于帮助人学习的科学研究。
> **目标**：提出基于研究的教学设计原则，指出哪种教学方法在哪种教学环境下，将哪种知识传授给哪类学习者才是最有效的。
> **标准**：教学方法是有实证依据的。

图3.3　什么是教学科学

教学科学的目标是提出有实证依据的教学设计原则，指出有效运用教学方法的边界条件，例如在特定的教学环境下，将特定的知识传授给特定的学习者。

应用教学方法的主要标准是其效果是否有实证依据。评估教学方法是否会产生意义学习的主要方式是进行对照实验，比较使用特殊教学方法的学习者和没有使用特殊教学方法的学习者，其学习结果（测验成绩）有什么不同。

什么是有实证依据的实践

教学科学支持有实证依据的实践，即用严密的研究结果来支持教学实践。理查德·谢弗尔森和丽萨·唐恩在其编写的提交给美国国家研究委员会的一篇报告《教育中的科学研究》中提到了如下案例：

> **有实证依据的实践案例**
> 如果没有科学研究，那么人类恐怕难以登上月球，或者消除一些疾病。同样，如果没有以研究为基础的知识加以指导，那么人们就不会看到教育改革能够发挥明显的效果。（第1页）

教育决策却不是经常依赖于研究证据的。在《教育中的科学研究》一文中，谢弗尔森和唐恩指出教育决策有时是建立在意识形态和舆论的基础之上的：

> **与有实证依据的实践相脱离**
> 教育决策有时一点都不讲科学依据,而是从意识形态或是所谓的根深蒂固的信念而来。(第17页)

让我们总结一下进行教育决策的三种取向,即意识形态取向、普适惯例取向和实证方法取向(见表3.1)。在意识形态取向中,教育决策基于无法被科学验证的上层理论。比如在激进的社会建构主义者看来[常常与苏联卓越的心理学家列符·维果斯基(Lev Vygotsky)联系在一起],深层次的学习只发生在和同伴讨论的团体活动中。普适惯例取向是指教育决策与该领域的舆论导向强调的方法保持一致。比如,"最佳实践方案"是安排四人小组共同合作解决数学问题。在进行教育决策时,意识形态取向和普适惯例取向存在的问题是:这两种取向经常与严密的研究证据相矛盾,比如罗伯特·斯莱文(Robert Slavin)和他的同事在《心理学手册》(*Handbook of Psychology*)中,通过大量研究证据表明:在小组学习中,如果只有团队受到奖励,那么其成员通常学习效率不高。

表3.1　教育实践的三个方法

取向	以小组合作学习为例
意识形态	维果斯基认为学习发生于与同伴讨论的社会情境中。
普适惯例	数学教育的舆论导向者指出了应用合作团队的普适性。
实证方法	研究表明如果在小组学习中只是基于团队表现给予奖励,那么很难提高小组成员的学业成绩。

三、什么是教学目标

教学目标规定了学习者的知识会发生什么样的预期变化。教学目标要回答这样一个问题，即实施教学后学生应该学会什么样的新知识？一个完整的教学目标应该包括以下三部分（见表3.2）：

◇ **学会了什么**。具体规定了所要学的知识。
◇ **怎样运用所学知识**。具体规定了学习者用什么样的知识来完成一项任务。
◇ **如何评估学业表现**。具体说明了如何解释学习者的学业表现。

在《了解学生知道了什么：教育评估的科学和设计》（*Knowing What Students Know:The Science and Design of Educational Assessment*）中，詹姆斯·佩莱格里诺（James Pellegrino）、娜奥米·丘多夫斯基（Naomi Chudowsky）和罗伯特·格拉泽（Robert Glaser）指出评估包括三个要素：一是要评估的成绩，二是与收集学生成绩证据相关的任务，三是最终解释证据的方法。在许多案例中，第三个要素常常是隐含其中的，只是笼统地说学习者成功完成了预定的任务。如果用将来时陈述教学目标——说明将要学会什么，那么，这就是教育目的；如果用过去时来说明教学目标——描述已经学到了什么，那么，这就是评估。

表3.2 什么是教学目标

教学目标规定了学习者的知识会发生什么样的预期变化，包括： ①学会了什么。 ②怎样运用所学知识。 ③如何评估学业表现。

请思考这个教学目标——学生将学会解决两位数乘法运算题。在这个案例中，教学目标的三个特点可以描述为：

（1）你学会的是两位数乘法运算。

（2）你如何运用规则来解决这个两位数乘法问题，如$35 \times 57=$____。

（3）通过解一组计算题的正确率来评估你的学业表现。

根据罗伯特·梅杰（Robert Mager）在《准备教学目标》（*Preparing Instructional Objectives*）一书中对教学目标的经典定义，教学目标包括：①待完成的**任务**。②完成此任务的**条件**。③评估学业表现的**标准**。以上三条与表3.2中教学目标的三个要素十分接近。

本书对教学目标的定义区分了学习和学业表现两者之间的区别。"学习"是学习者内在知识的变化，而"学业表现"是学习者在完成某一任务中运用知识的表现。根据学习者的学业表现，我们能够判断他的内在知识是否发生了变化。

如你所见，教学目标的定义只局限于认知的变化，即知识的变化。不过，这里所说的"知识"是广义的概念，它包括信念（与情感相关）、社会交往知识（指导完成社交任务），以及动作知识（指导完成体能任务）等。

（一）教学目标的三个层次

在《学习、教学和评估的分类学：布卢姆教育目标之修订》（*A Taxonomy for Learning, Teaching, and Assessing: A Revision of Bloom's Taxonomy of Educational Objectives*）一书中，洛林·安德森（Lorin Anderson）及其同事对目标的三个层次做了明确的区分：

◇ **教育目标**。总体的说明，旨在为教育工作者提供教育发展的愿景。
◇ **课程目标**。相对具体的说明，旨在指导课程的开发。
◇ **教学目标**。具体的说明，旨在指导备课或实际的教学过程。

表3.3总结了目标的三个层次，并列出了一些相应的例子。

表3.3　目标的三个层次

层次	宽度	目的	举例
教育目标	总体描述	提供愿景	所有学生都已经做好了学习的准备。
			所有学生都将发挥聪明才智，立志做一个有责任感的公民，他们将不断学习，为国家的经济发展做出贡献。
课程目标	相对具体	设计课程	学生具有识乐谱的能力。
			学生具有解释各种图表的能力。
教学目标	非常具体	指导备课	学生将学会两位数乘法运算。
			学生能够区分教育目标、课程目标和教学目标。

现在我们来检测一下，看看你是否掌握了教学目标的含义。请将图3.4中符合教学目标定义的说法标出来。

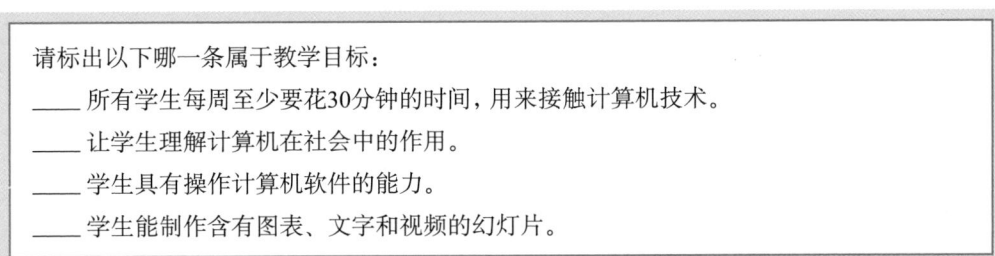

图3.4　教学目标定义的练习

如果你只选择了第四条,那么你已经学会了如何区分目标。第一条根本就不是什么目标,因为它只描述了希望学生参加一个活动,而不是说明期望学生的知识发生什么样的变化。它适合于教育领导者合理安排不同学科的学时,但是这不能等同于具体的教学目标。第二条是教育目标,第三条是课程目标,这两者都没有教学目标那样具体。有时候教学标准、教学框架和年级要求等也是笼统的说明,类似宽泛的教育目标,很难在课堂上实施。

在本书中,我主要关注教学目标,因为它具体规定了学习者知识的预期变化。

（二）教学目标的五种知识类型

确立教学目标的首要因素就是具体描述学生知识的变化。知识处于学习、教学和评估的中心。所以，有必要分清与学习紧密相关的几种知识类型。表3.4区分了五种知识类型，即：**事实性知识**、**概念性知识**、**程序性知识**、**策略性知识和信念性知识**。

表3.4　教学目标的五种知识类型

类型	定义	举例
事实	社会生活中的事实性知识。	波士顿属于马萨诸塞州。
概念	类别、图式、模式或原理。	在数字65中，6代表十位数。
程序	一步一步的过程。	知道12 × 252=_____的步骤。
策略	一般方法。	将问题分解为几个部分。
信念	对学习的认识。	思考"我不擅长统计数字"。

为了获得学业的成功，学习者需要掌握这五种知识类型。比如，为了解决一道算术应用题，学习者必须了解事实性知识（比如，1美元＝100美分）、概念性知识（比如，语词的分类、时间—速度—路程问题）、程序性知识（比如，能完成基本的算术运算）、策略性知识（比如，能依据分解问题法想出一个解法）和信念性知识（比如，坚信"我擅长解算术应用题"）。

第四种知识是"策略性知识"，包括关于所要开发的策略知识和其他知识的"**元策略**"。元策略用来判断特殊的解决方案是否有效，或者某一策略是否适合给定的任务。在有些情况下，情感性评价或者**态度**（比如"我不喜欢统计学"）可包含在第五种知识，即"信念性知识"中。

一个教学目标涉及一种或几种知识的变化。在传统的知识分类中，学习者的能力被划分为知识（与以上提到的事实和概念相对应）、技能（与以上提到的程序和策略相对应）以及态度（与以上提到的信念相对应）。如你所见，我所说的"知识"（广义上的）是指学习者可以学到的一切东西。除此之外，学习者可能还会有一些情景性知识（episodic knowledge，即个人体验的知识），这通常不是学校学习的主要目标。

（三）教学目标的六种认知过程

厘清教学目标的第二步就是具体描述如何应用所学知识。表3.5清晰地展示了学习者学习知识的六种认知过程。这一分类是依据著名的布卢姆教育目标分类学提出的。

表3.5 教学目标的六种认知过程

过程	定义	举例
记忆	从长时记忆中提取相关知识。	陈述二项式概率的定理。
理解	依据教学信息来建构意义。	用自己的话表达二项式概率的定理。
应用	在特定情境中运用某个程序。	计算二项式概率的 N、r、p 等数值。
分析	将材料分解为较小的组成部分，并确定各个部分是如何关联的，以及部分同总体之间的关系。	辨别概率问题中的相关数量与无关数量。
评价	依据准则和标准来做出判断。	判断两种方法中哪一种是解决概率问题的最佳方法。
创造	将要素整合为内在一致、功能统一的整体或重组要素形成新的模式或结构。	写一份关于二项式概率新发现的报告。

很显然，每一种认知过程都取决于用所学知识来解决问题的性质。比如，记住一个公式同运用公式来进行计算，就不是一回事。后者又不同于判断这个公式是否应用得当。教学目标涉及六种认知过程的其中一种，并将其与五种知识类型的某一种联系起来。

四、如何开展教学：认知容量的三个要求

教学目的在于帮助学习者达成学习目标。具体来说，教学目的就是在学习过程中指导学生的认知加工并促进学习者的知识建构。这一过程发生在学习者的认知系统中，其特点是认知加工的容量有限。教学设计的主要挑战是既要保证学习者进行适当的认知加工，又要保证这种加工不会使得认知负荷超载。总而言之，教学设计有两个相互矛盾的目标：①鼓励学生进行适当的认知加工；②加工过程中不出现认知负荷超载。

图3.5列出了学习过程中三种主要的认知加工要求——无关认知加工、基础认知加工和生成认知加工。

无关认知加工
定义：与教学目标没有什么关系的认知加工。
原因：由不合理的教学设计或不良的学习策略引起。
举例：文本内容在这一页，而相应的图示却在另一页，学习者需要来回翻看。

基础认知加工
定义：初步认知加工——在学习中对呈现的材料进行心理表征（比如选择、初步组织相关信息）。
原因：由材料的内在复杂性引起。
举例：学习者需要较多的认知加工来呈现复杂的问题，比如闪电雷暴是怎样形成的。

生成认知加工
定义：深层认知加工——在学习中理解所呈现的材料（包括组织、整合相关信息）。
原因：由学习者努力学习的意愿引起。
举例：当教师用对话形式进行交流时，学习者更愿意积极投入，努力将材料与原有知识联系起来。

图3.5　三种认知加工要求

无关认知加工是由不合理的教学设计或不良的学习策略引起的，实际上这种加工浪费了宝贵的认知容量。基础认知加工要求学习者在工作记忆中表征所学的信息（比如选择、初步组织相关信息）。基础认知加工是由材料的内在复杂性引起的（比如一次工作记忆容纳的相关概念数量）。生成认知加工要求学习者通过再组织和整合，深度理解进入工作记忆中的信息，它是由学习者的学习动机引起的。教学理论的这种三角关系是建立在多媒体学习认知理论的基础上的，我在《多媒体学习》（*Multimedia Learning*）一书以及约翰·斯维勒（John Sweller）在《专业技术领域的教学设计》（*Instructional Design in Technical Areas*）一书中描述的"认知负荷理论"中均有涉及。

意义学习要求学习者在学习中进行适当的认知加工，包括选择相关信息以便进行进一步的加工、将选择的知识组织成有序的心理表征，以及将新信息与长时记忆中的原有知识相整合。如表3.6所示，无关认知加工没有涉及意义学习的三种认知过程。基础认知加工包括选择和初步组织相关信息，对所呈现的材料进行心理表征。生成认知加工包括进一步组织信息，以及新知识之间、新知识与原有知识之间的整合。总之，意义学习要求学习者参与到基础认知加工和生成认知加工中，而机械学习只要求学习者停留在基础加工阶段。

表3.6　三种认知加工怎样与学习结果相联系

加工过程	认知加工	学习结果
无关认知加工	不合理加工	无效学习
基础认知加工	选择和初步组织	机械学习
生成认知加工	组织和整合	意义学习

五、如何开展教学：三种教学场景

让我们思考一下三种认知加工与学习者认知容量相结合后，可能会出现的三种教学场景。

1. 什么是无关认知负荷超载

第一种场景是"**无关认知负荷超载**"（见图3.6）。此时，学习者必须参与无关认知加工、基础认知加工和生成认知加工，但是学习者把大部分认知容量留给了无关认知加工，而只剩下一小部分认知容量来进行基础认知加工。这样，学习者难以完成全部的基础认知加工和生成认知加工，学习的结果也就变得差强人意。为了避免出现无关认知负荷超载的情况，教学的重要目标之一就是减少无关认知加工。

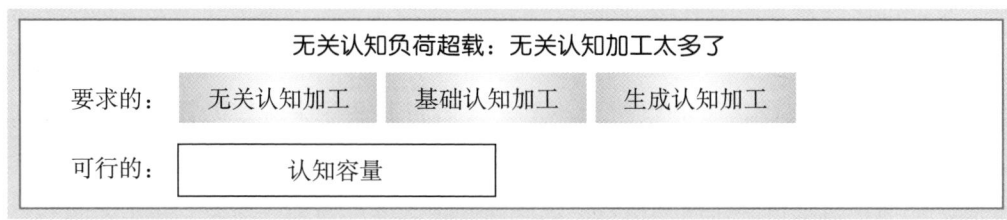

图3.6　无关认知负荷超载

2. 什么是基础认知负荷超载

第二种场景是"**基础认知负荷超载**"（见图3.7）。无关认知加工减少或排除后，学习者需要更多的认知容量来进行基础认知加工——可能是因为所学材料复杂难懂或学习者对所学材料感到生疏。这样，学习者也不能完全参与到必要的基础认知加工和生成认知加工中，学习的结果也是不尽如人意的。为了避免出现基础认知负荷超载的情况，教学的重要目标之一就是调节基础认知加工，也就是说，要减少基础认知加工对认知容量的影响。

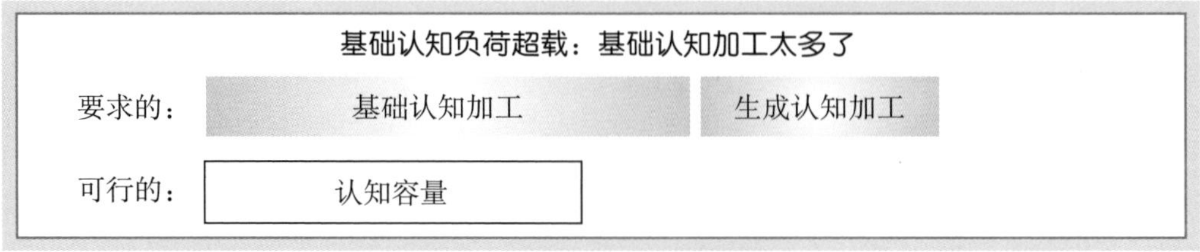

图3.7　基础认知负荷超载

3.什么是生成认知负荷不足

第三种场景是"生成认知负荷不足"（见图3.8）。学习者在进行基础认知加工之后，实际上已经具备了足够的认知容量，却未能充分用于生成认知加工。在这个教学场景中，学习者缺乏深度加工信息的学习动机，因此，教学的重要目标之一就是要促进生成认知加工。

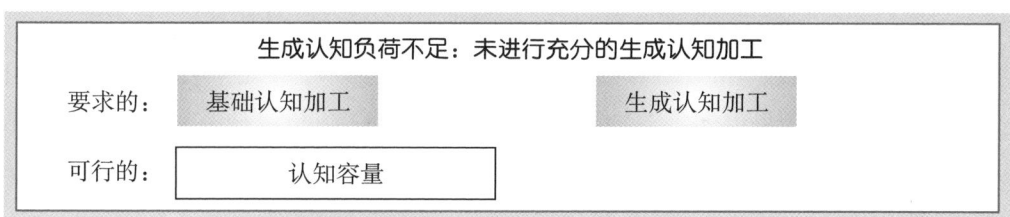

图3.8　生成认知负荷不足

当学习者面临无关认知负荷超载时，教学设计者应该采取各种措施，努力减少无关认知加工，使学习者能够腾出更多的认知容量，进行基础认知加工和生成认知加工。当学习者面临基础认知负荷超载时，教学设计者应该想方设法帮助学习者善用基础认知加工，使学习者能够腾出更多的认知容量，进行基础认知加工和生成认知加工。为避免学习者生成认知加工不足，教学设计者应该采取措施来促进生成认知加工，使学习者能够充分利用认知容量，进行基础认知加工和生成认知加工。

图3.9　教学设计的三大核心目标

六、课堂学习的十二条教学设计原则

有效的学习要求学生进行适当的认知加工，除此之外，教师在使用教学方法的过程中也要注意避免造成学生认知负荷超载。表3.7—表3.9列出了12种我认为在"被动学习"情境下最有效的教学设计原则。这种被动学习情境可以是阅读书本、聆听讲座或者观看在线视频。这些教学设计原则都以相关实证研究为基础。近期至少有三个报告均对此进行了说明，比如：①我主编的手册中提出了实证研究支持的多媒体学习原则；②由黛安娜·哈尔彭（Diane Halpern）、阿特·格雷泽（Art Graesser）和密尔特·哈克尔（Milt Hakel）主持的心理科学协会特别工作报告，其中专门探讨了在教育中运用以实证研究为基础的学习原则；③哈罗德·帕什勒（Harold Pashler）和其同事为教育科学研究院撰写的，关于以实证研究为基础促进教学与学习的实践指南。

（一）减少无关认知加工的实证教学原则

有时候，一节课所需的认知加工可能超过了学习者的认知容量范围，这时一个重要的教学目标是，要帮助学生减少与教学目的关系不大的无关认知加工（见表3.7）。

表3.7 减少无关认知加工的实证教学原则

教学原则	含义	举例
聚焦要义	去除无关材料后，学习效果更佳。	去除有趣但无关的文本或图表。
标记结构	突出关键材料后，学习效果更佳。	在学习文本时，列出文本提纲和每一部分的小标题。
空间邻近	图示与相应的文字说明相邻呈现，而非分离呈现在不同页面或屏幕上时，学习效果更佳。	相关文字说明应该成为图示的一部分，而不是与图示相分离的孤立说明。
时间邻近	语音解说和画面本身同时呈现而非相继呈现时，学习效果更佳。	语音解说与动画应同时呈现，而不是相继呈现。
明确期望	提前告知测试题目的类型时，学习效果更佳。	要学习者读完某一部分后，举例说明教学原则。

举例：空间邻近原则

以形成闪电雷暴的带字幕动画教学为例，在第一张幻灯片中，字幕居于屏幕的下方，这种呈现方式我们称之为字幕与图示"**分离呈现**"（见图3.10）。

图3.10　字幕与图示分离呈现

分离呈现可能会引起无关认知加工，因为学习者必须在文本和图示间来回翻看。相比之下，在第二张幻灯片中，图示与相应的文字说明相邻呈现，这样就减少了无关认知加工。这种呈现方式我们称之为"**整合呈现**"（见图3.11），相应的图示和文本在屏幕上紧挨着彼此，这符合空间邻近原则的要求，这样我们可以降低无关认知加工。

图3.11　字幕与图示整合呈现

（二）调节基础认知加工的实证教学原则

即使排除了所有的无关认知加工，学习材料本身可能就很复杂，这样所需的基础认知加工容量也有可能超过学习者认知系统本身的限度。在这种情况下，教学需要调节学习者的基础认知加工。以下三种方法均以实证研究为基础（见表3.8），分别是：①将整堂课分割成几个小部分（切块呈现原则）；②提供相关的原有知识（提前准备原则）；③将一部分视觉信息从视觉通道转移到听觉通道（调整通道原则）。通过采取这种方式，学习者可以更好地进行基础认知加工，减少认知负荷超载。

表3.8 调节基础认知加工的实证教学原则

教学原则	含义	举例
切块呈现	当一堂艰涩难懂的课被分割成学生可以掌握的若干小段时，学习效果会更佳。	将一段有解说的动画分割成几个小部分，每一部分用"继续"键连接起来。
提前准备	如果学生能够在学习一堂艰涩难懂的课前，提前了解核心概念的名称和特征，那么学习效果会更佳。	在呈现有解说的动画之前，先告知各部分的名称、位置以及特征。
调整通道	多媒体学习使用语音而非书面形式呈现文本时，学习效果会更佳。	用语音而不是视频上的字幕来解说动画。

举例：切块呈现原则

现在有一段关于"闪电雷暴形成"的教学动画，连续播放大约需要2分半钟。这种**连续呈现**的方式对学生来说速度太快了，他们难以明晰闪电雷暴形成的16个关键步骤，以及各个步骤之间的因果关系。简而言之，由于学生缺乏足够的认知加工容量进行基础认知加工，所以他们很难建立"闪电雷暴形成"的因果模型，而基础认识加工又是学生建立此因果模型的必要步骤。

为了帮助学习者进行基础认知加工，我们可以将这个动画分割为16个片段，每个片段包含时长大约为10秒的动画和一到两个句子（即切块呈现，见图3.12）。在每个片段的最后，屏幕右下方都会出现一个"**继续**"按钮。学习者点击按钮后就会呈现下一段动画。**切块呈现**原则使得学习者可以自己掌握播放动画的进度。

切块呈现原则意在调节基础认知加工，由此，学习者可以对闪电雷暴形成过程的每个部分进行充分表征，然后再进入下一个部分。

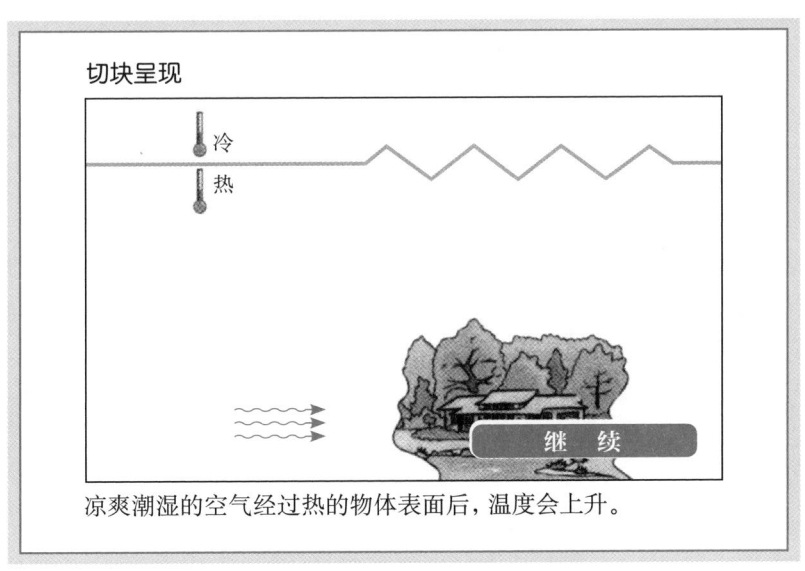

图3.12　闪电雷暴形成的教学动画片段

(三)促进生成认知加工的实证教学原则

虽然学习者有时腾出了一定的认知容量来进行生成加工,但教师没有激发学习者把额外的精力投入到理解所呈现的信息中去。因此,教学应该努力促进学习者的生成认知加工,比如,将新知识与原有知识相整合的认知加工过程(见表3.9)。

表3.9　促进生成认知加工的实证教学原则

教学原则	含义	举例
多媒体	使用文本和图片比单用文本学习的效果更佳。	学习文本时添加相关的图示。
人性化	使用对话风格教学比正式风格教学的效果更佳。	教学中使用第一人称和第二人称,不要使用第三人称。
具体化	使用将已学知识与新知识联系起来的方式学习,效果更佳。	提供具体的实例和类比;鼓励开展相关的活动。
抛锚式	学习者在熟悉的学习情境中学习,效果更佳。	学生通过买玩具找换零钱来学习算术。

值得注意的是每一条原则都有一定的适用条件。例如,跟有经验的学习者相比,大多数原则对于无经验的学习者来说,其效果会更加显著。斯拉瓦·卡柳加(Slava Kalyuga)提出了"专长反转效应",指有些教学原则对初学者是有效的,对有经验的人却是无效的甚至是有害的。总体来说,教学原则的使用应与人们开展学习的认知理论相一致。

举例：多媒体原则

比如我们在解释自行车打气筒的原理时,让学生点击一下扬声器的图标,马上就可以听到这样一段话:"向上提打气筒的手把时,活塞也随之向上移动,进气阀打开,排气阀关闭,气体就进入气缸的下面。"这段文字对学生而言抽象了点,因此他们不愿投入生成认知加工中去,即将刚才播放的口头解释与原有的知识相整合。为了促进学生的生成认知加工,我们可以在原有解说的基础上,添加一段图像,比如一段动画,这样就形成了一段带有解说的动画片段。

以下是从自行车打气筒原理动画中选择的一些片段，并附上了解说词（见图3.13）。在《多媒体学习》一书中，我概述了许多研究，证明与单用文本相比，使用文本和图片能让学习者更深入地理解所学的内容，这证实了多媒体原则的有效性。

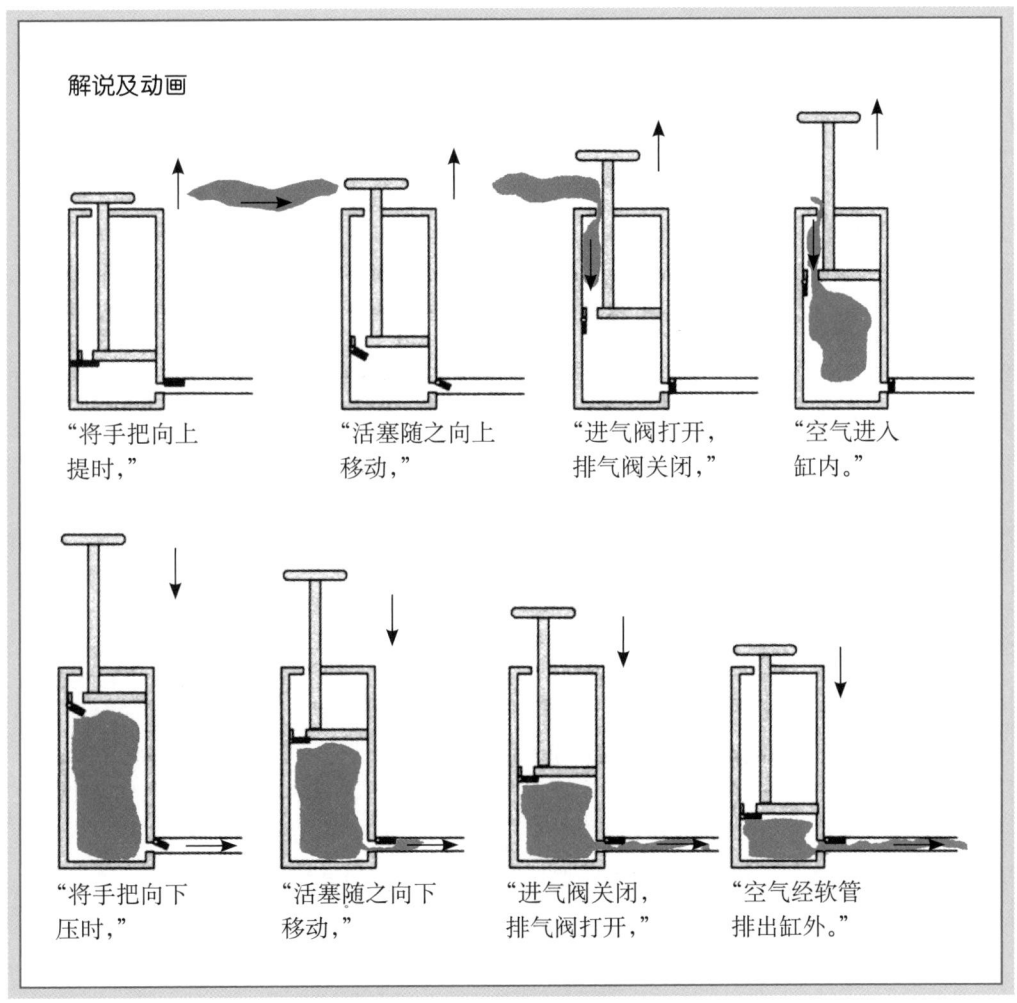

图3.13　自行车打气筒原理的动画

七、有效学习的八条教学设计原则

前文讨论的十二条基于实证依据的教学设计原则，主要聚焦于如何为学习者呈现信息，比如以文本形式、课堂讲解或在线呈现等形式呈现信息。本节将探讨激发学习者行为，引导成功学习的策略。在表3.10和表3.11中，我总结了八条最有效的教学设计原则。

（一）开展练习的实证教学原则

表3.10列出的四条原则是关于开展练习的实证教学原则，也就是如何练习完成待学任务。学习者在练习完成某项任务时，最好的学习策略是划分操作步骤（分步练习原则），完成练习后及时收到教师对正确行为的解释性反馈（即时反馈原则），练习前先尝试正确地完成相似的任务（提供样例原则），以及在练习时得到适当的指导（指导发现原则）。

表3.10　开展练习的实证教学原则

教学原则	含义	举例
分步练习	将练习任务分成几个部分分段完成，比一次集中练习的效果更好。	学习者将一组50分钟的加法练习分为五天做，每天做10分钟。
即时反馈	当学习者及时收到针对其表现给予的解释性反馈时，学习效果更佳。	在解完应用题后，教师逐步解答此题的各个步骤。
提供样例	在解决问题时先提供样例，学习效果更佳。	学习者先完成解答 $3x - 5 = 4$ 的步骤，再尝试解答 $2a - 2 = 6$。
指导发现	如果学习者在完成任务时得到示范、辅导和提供支架等帮助，而非单纯的发现，那么其学习效果更佳。	学习者在解答应用题时，教师给予提示，圈出重要数字，并告知学生可以采用什么样的解题方案。

举例：提供样例原则

假设学习者已经阅读了教科书上关于代数等式运算这一章，现在我们想要学生做一些练习。最直接的方法就是列出一些代数题目（如图3.14左侧所示），然后让学生开始练习。与此相反，我们可以先提供一个样例（如图3.14右侧所示），然后再出示类似问题，让学生自己练习。

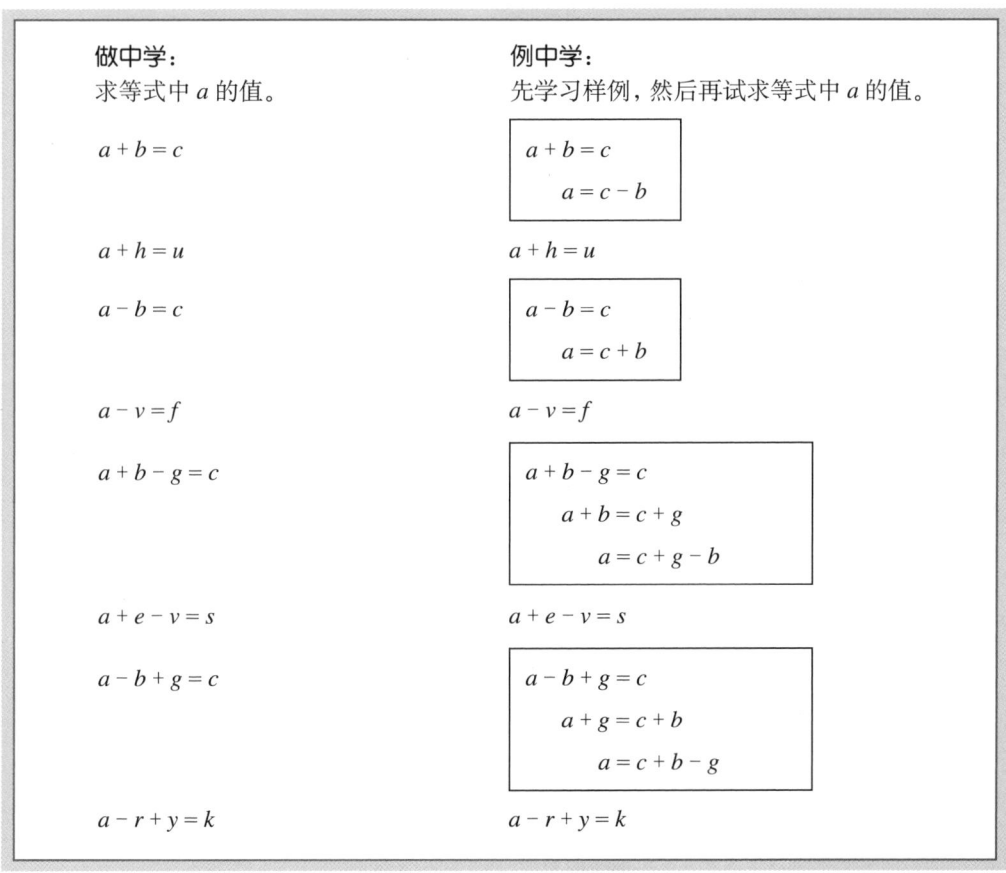

图3.14 提供样例原则举例

格雷厄姆·库珀（Graham Cooper）和约翰·斯维勒的研究表明，通过样例进行学习比"做中学"能更有效地促进学习者在测验中的迁移表现，这也为样例原则提供了实证依据。尽管学习者热衷于在"做中学"，但样例原则更有助于调节学习者的认知加工。

（二）实现生成的实证教学原则

表3.11中的四条教学设计原则意在促进生成认知加工。生成学习是学习者参与到教师为促进其学习而设计的教学活动中。当你处于被动学习的课堂中时，你可以通过回忆新知识进行自我检测（检查验证）；你可以自我解读教学材料（自我解释）；你可以根据材料自问自答（设问质疑）；你可以总结知识内容、列出内容提纲或者详细阐释新知识（精细加工）。

表3.11　基于实证依据的生成学习原则

原则	含义	举例
检查验证	学习者使用实践测验的方法比简单重复的学习效果更好。	阅读有关消化作用的教材之后，学习者尝试写下消化过程的步骤，而不要去一遍一遍地反复阅读教材。
自我解释	当学习者对上课内容进行自我解释时，学习效果更好。	阅读关于心脏功能的教材之后，学习者用自己的话说出与原有概念冲突的想法，并解释心脏的工作机制。
设问质疑	当学习者提出深层次的问题并做出回答时，学习效果更好。	看完地理课上带解说的动画片后，学习者提出具有一定深度的问题，如"Y是怎么引起的""X与Y做比较会产生怎样的结果"。
精细加工	当学习者列出提纲、总结或详细阐释所学知识时，学习效果更好。	学习者边听讲座，边做总结性笔记。

如你所见，这四条教学设计原则有助于促进深层次的认知加工过程，也就是我所说的**生成认知加工**。

举例：自我解释原则

假设你在电脑屏幕上学习关于人的视觉系统一课。该课程的内容分离呈现在两个窗口：一个是文本资料窗口，另一个是图示窗口，你一次只能观看一个窗口。同大部分学习者一样，你可能会先浏览文本资料，然后再参阅图示。这种学习方法难以促进生成认知加工，所得到的学习结果可能只是死记硬背。

与此相反，如果你在阅读教材的同时，能够对所阅读的内容进行自我解释，那么情况就大不相同了。例如，一名学习者在读到"角膜屈光约占整个眼睛屈光系统屈光力的70%"这句话时，他是怎么说的，又是怎么做的呢？

> "我不知道屈光力的另外30%是由什么引起的？"
>
> 切换到图示窗口，查看眼睛的其他组成部分。
>
> "现在我明白了。我一直以为眼睛中只有晶体，或者说晶体与角膜是同一回事。现在我明白了屈光力的其余30%其实与晶体有关。之前我以为角膜和晶体是一样的，因此我以为屈光力只是与角膜或晶体有关。但现在我全弄明白了。"

上面的转录摘自玛格丽特·罗伊（Marguerite Roy）和米歇琳·志（Michelene Chi）在《剑桥多媒体学习手册》（*The Cambridge Handbook of Multimedia Learning*）一书中所做的实验报告（第277—278页）。在自我解释原则中，学习者自动生成的自我解释不仅能监控学习过程，而且能纠正原有的错误认知。简而言之，自我解释原则是生成学习的一种形式，学习者所进行的认知加工有助于学生深度理解所学知识。

八、在学习中如何指导认知加工

当学习者在学习过程中经历以下三个重要的认知加工时，意义学习就发生了。

◇ **选择**：注意与课程相关的信息。
◇ **组织**：将选择的信息进行一致的心理表征。
◇ **整合**：将表征的知识与从长时记忆中提取出来的原有知识相联系。

现在让我们来思考相关的教学策略，以便优化学习过程中发生的这三种认知加工方式。

（一）促进"选择"的教学策略

表3.12列举了促进"选择"认知过程的教学策略。每种策略都被证明能有效记忆所强调的信息。

表3.12 促进"选择"的教学策略

策略	含义	价值
明晰目标	说明学习者应该从这节课学到什么。	学习者关注有助于实现教学目标的课程信息。
前置问题	学习每一部分前设置需要学习者回答的问题。	学习者关注有助于回答这些问题的课程信息。
后置问题	学习完每一部分后设置的需要学习者回答的问题。	学习者对某一类型问题产生期望，并在学习中关注这类问题的答案。
强调重点	通过使用改变字体大小、风格、颜色、加粗、斜体、下划线、闪动等方式，引起学习者注意某些关键信息。	学习者关注彼此不同的词句。

举个例子，假如我们要学习关于电动机如何运转的教材或者多媒体课程。这节课包括五个部分，分别说明了电动机某一主要部分（电池、电线、转换器、线圈或磁铁）的作用。表3.13说明了教师如何应用"选择"教学策略，来引起学生对学习这节课的注意。

表3.13 教学策略举例

策略	电动机运转课例
明晰目标	课前向学生说明:"通过这堂课的学习你们将学会连接电动机的五个主要部分。"
前置问题	课前向学生提问:"假如你打开电动机的开关,但电动机并未启动。这会是什么问题呢?"
后置问题	学习完第一部分后,问学生:"电池在电动机运转过程中起什么作用?";学习完第二部分后,问学生:"电线在电动机运转过程中起什么作用?";学习完第三部分后,问学生:"转换器在电动机运转过程中起什么作用?";学习完第四部分后,问学生:"线圈在电动机运转过程中起什么作用?";学习完第五部分后,问学生:"磁铁在电动机运转过程中起什么作用?"
强调重点	上课时告诉学生"打开开关,电子从电池的**负极**流出,从电池的**正极**流入。"

虽然在学习中引导学习者对信息进行有效选择是很重要的,但这只是促进意义学习的第一步。如果我们止步于此,那么学习者的大脑只会记住一堆孤立、零碎的信息。接下来的两个过程——组织和整合,对帮助学习者实现意义学习起着至关重要的作用。另外,促进组织和整合过程的技巧或许也能引导学习者注意关键信息。

(二)促进"组织"的教学策略

表3.14列举了促进"组织"认知过程的教学策略。每一个策略都是**标记结构**的一种方式,而且,这些方式被证明有助于延长并保持关键信息的时间,提高学生在迁移测验中的表现。

表3.14 促进"组织"的教学策略

策略	含义	价值
总概述	课前用一句话介绍该课的各部分,或者直接列出各部分的清单,清单要简洁明了。	概述为学习者提供了课程内容走向的"地图",并且将课程内容分割成了几个小部分。
小标题	学习每部分前要重点概括该部分的内容。	标题能帮助学习者有序地组织信息。
联系词	类似"第一""第二""第三""相比之下""因此"等联系词。	联系词能帮助学习者认识课堂内容的具体结构或组成部分。
绘图表	将主要知识点制作成矩阵图、知识网,或按层级进行排列。	绘图法列出了重要的知识点以及它们之间的关系。

如你所见,每一种策略都是为了帮助学习者在课堂上建立一个有组织的知识结构。以电动机运转课程为例,表3.15说明了教师是如何应用"组织"的教学策略,来引导学生进行该课的组织加工。

表3.15　教学策略举例

	电动机运转课例
总概述	课前向学生说明："通过这堂课的学习你们将了解电动机的五个组成部分（电池、电线、转换器、线圈以及磁铁）的功能。"
小标题	学习第一部分前先列出小标题：**电池的功能**； 学习第二部分前先列出小标题：**电线的功能**； 学习第三部分前先列出小标题：**转换器的功能**； 学习第四部分前先列出小标题：**线圈的功能**； 学习第五部分前先列出小标题：**磁铁的功能**。
联系词	在学习过程中告诉学生： 第一，当电动机在起始位置时…… 第二，当电动机转过1/4圈时…… 第三，当电动机转过1/2圈时…… 第四，当电动机转过3/4圈时…… 第五，当电动机转满1圈时……
绘图表	**电池导电时的变化**

步骤	发生的变化
起始时	电子从负极流出，流向正极。
1/4圈时	电子停止流动。
1/2圈时	电子从负极流出，流向正极。
3/4圈时	电子停止流动。
1圈时	回归起始位置。

（三）促进"整合"的教学策略

表3.16列举了两种优化"整合"过程的教学策略，意在帮助学习者将所学知识与原有知识联系起来。这两种教学策略都借用了"隐喻"法：以熟悉的或具体的知识为模型，促进学习者领会新知识或抽象的知识。这两种教学策略都能帮助学习者理解新知识，具体表现为学习者在保持测验和迁移测试中的表现更佳。

表3.16 促进"整合"的教学策略

策略	含义	价值
具体先导	为促进深层学习，在课前展示学习者熟悉的知识。	学习者激活原有的知识，并借此同化新知识。
具体示范	为促进深层学习，在授课中展示学习者熟悉的知识。	学习者激活原有的知识，并借此同化新知识。

比如，有关电路运行的课程，对学生来说可能是抽象而陌生的。为了帮助学生理解电路运行的原理，可以使用具体先导的方法，清晰地向学生展示电路运行其实就像水在管道中流动一样，如图3.15所示。

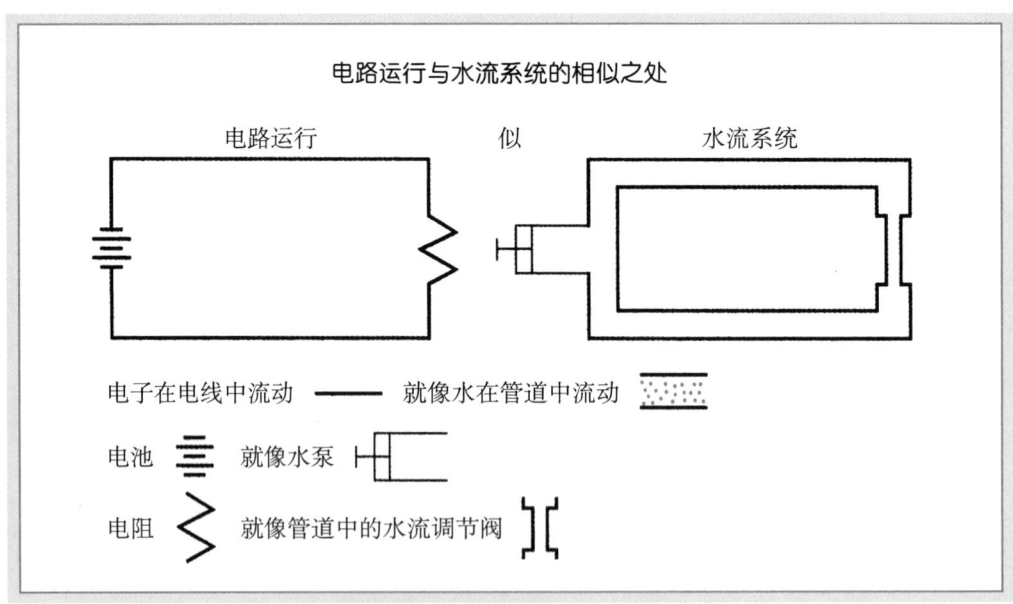

图3.15 电路运行与水流系统

举例：具体示范策略

我们再以学习两位数减法运算为例，说说具体示范策略（见图3.16）。减法运算过程对孩子来说是抽象而陌生的，因此在学习两位数减法运算时，可以为学生提供一个具体的、熟悉的学习情境，比如借助小棒学习算术运算。

抽象式教学		具体示范教学
"53减去29。"	$\begin{array}{r}53\\-29\\\hline\end{array}$	"你有五捆小棒，每捆10根，另外还有3根小棒。你需要从中取走29根小棒。"
"先从个位数开始。个位上的3不能减去9，因此要从十位借1，这样个位就变成了13，13减去9后余4，在个位得数上写4。"	$\begin{array}{r}{}^{4}5^{13}\\-29\\\hline 4\end{array}$	"你无法从3根小棒中取走9根，因此你要打开一捆10根的小棒，这样你就有4捆10根的小棒和另外13根小棒。"
		"现在你可以从13根小棒中取走9根，剩余4根小棒。"
"移到十位数运算。十位数上的4减去2后，余2，在十位得数上写2。53减去29的答案是24。"	$\begin{array}{r}{}^{4}5^{13}\\-29\\\hline 24\end{array}$	"接着，你需要拿走20根小棒，也就是2捆小棒，结果剩2捆小棒和4根小棒，也就是24。"

图3.16 用具体示范教抽象概念

在这一小节，我们通过列举几种教学策略实例，介绍了如何促进选择、组织和整合这三种认知过程。这些策略能够有针对性地促进相关的认知过程。当然你也可以结合"课堂学习的十二条教学设计原则"和"有效学习的八条教学设计原则"，提前为学习中的认知过程做好准备。

九、三条流行却受到质疑的教学原则

你可能一直期望看到另外三条十分流行的教学原则——合作学习、发现学习和学习风格。我之所以最后介绍这三条原则,是因为它们需要特别予以澄清。

1.关于合作学习的质疑

"合作学习"是指由一个小组独立完成一项具有挑战性的任务或项目。比如一组学习者通过一起讨论,最终形成小组的成果,这类似由四个成员组成的小组做关于电子游戏产生的认知效果的课堂展示。罗伯特·斯莱文(Robert Slavin)、埃里克·赫尔利(Eric Hurley)和安妮·张伯伦(Anne Chamberlain)最近在《心理学手册》(*Handbook of Psychology*)一书中提出了合作学习的几种形式。这些形式有的对课堂教学有效,有的对课堂教学无效,因此,合作学习并不总是管用的(见表3.17)。

表3.17 合作学习真的管用吗

有效性	合作形式
有效	合作学习:小组得分基于小组成员每个人的表现,比如每个小组成员都要参加考试,小组总分(或者提高分)仅代表全组的成绩。
有效	互惠教学:在教师的指导下,小组成员轮流讲解某一具体的认知技能,这样每个小组成员都有机会体验做"小老师"的感受。
有质疑	小组项目:小组得分基于单一的小组成果,比如小组共同完成一项课堂展示后,只得到一个全组成绩,即每个成员的分数一样。
有质疑	小组发现:小组协同合作解决问题,教师基本没有任何指导,比如教师不提供辅导,一组学生合作完成数学作业。

2.关于发现学习的质疑

"发现学习"是指学习者独立解决具有挑战性的问题，或完成具有挑战性的任务或项目。学习者得出一项成果时，实际上就是在寻求教学指导。比如独立设计科学展览的入场券就属于发现学习。我在新近发表的一篇题为"质疑纯发现学习的三大规则"的论文中指出："足够充分的研究证据为有理智的人质疑发现学习提供了理由。"事实上，多项研究证明没有任何经验的学习者在完成一项新任务时，必然需要得到指导，包括辅导、提供支架、示范、提问和反馈。以运算减法问题 64 - 25 = ＿＿ 为例，表3.18对每一种指导策略均做了描述。

表3.18 发现学习的指导策略类型

类型	含义	举例
辅导	为完成某一任务提供相关信息、建议和提示。	"现在我们重新抄一遍问题 64 - 25 = ＿＿ ，64在上，25在下。记住右侧是个位数，左侧是十位数。"
支架	将任务简化，或者将问题拆分为几个部分。	"好，你们已经完成了第一步。接下来我们要做什么呢？"
示范	一边解释，一边示范如何完成任务。	"现在看我怎么解决这个问题……"
提问	让学生解释他们正在做什么、为什么这样做。	"为什么你在4旁边写下1呢？"
反馈	根据学生的表现，为他们展示正确的解题方法。	"现在我们从个位数开始计算。"

3.关于学习风格的质疑

有些学习者擅长言语理解，教师就要多用言语进行教学；有些学习者擅长视觉感受，教师就要多用图像进行教学；有些学习者擅长听觉领会，教师就要多用声音进行教学。这些做法都反映了"**学习风格教学原则**"，即教学方法应该与学生的学习风格相一致。学习风格表明学习者加工信息时的不同偏好。虽然学习风格教学原则广受青睐，也是教学中老生常谈的一个话题，但是鲜有信服的证据表明，学习风格教学原则应该在学校教育中得到广泛的应用。

举例来说，假定我们发放一份问卷来评估学生是视觉学习者还是语言学习者。图3.17是我和劳伦·玛莎（Laura Massa）共同设计的问卷调查中的一项，用来确定学习者的言语—图示学习风格。

在学习情境中，有时信息是通过言语来传递的，比如书面文字或口头语言；有时信息是通过图示来传递的，比如插图、图表或带解说的动画。请根据你的学习倾向，在以下圆圈中做标记。

○ ○ ○ ○ ○ ○ ○

非常倾向　倾向言语学习　有点倾向　无明显倾向　有点倾向　倾向图示学习　非常倾向
言语学习　　　　　　　言语学习　　　　　　图示学习　　　　　　图示学习

图3.17　言语—图示学习风格等级评估

如果学习风格教学原则合理，那么你就会期待图示学习者在图示教学后会有更好的测验成绩，言语学习者也如此（如图3.18左侧所示）。然而，我和玛莎针对刚才的假设做了相关的实验，发现结果更像图3.18右侧所示——言语学习者和图示学习者在语言教学和在图示教学中的成绩并无区别。其他各项针对言语—图示学习风格的研究，也没有证实学习风格教学原则的有效性。目前来看，如果拿不出有力的证据，那么对此教学原则持质疑的态度较为妥当。

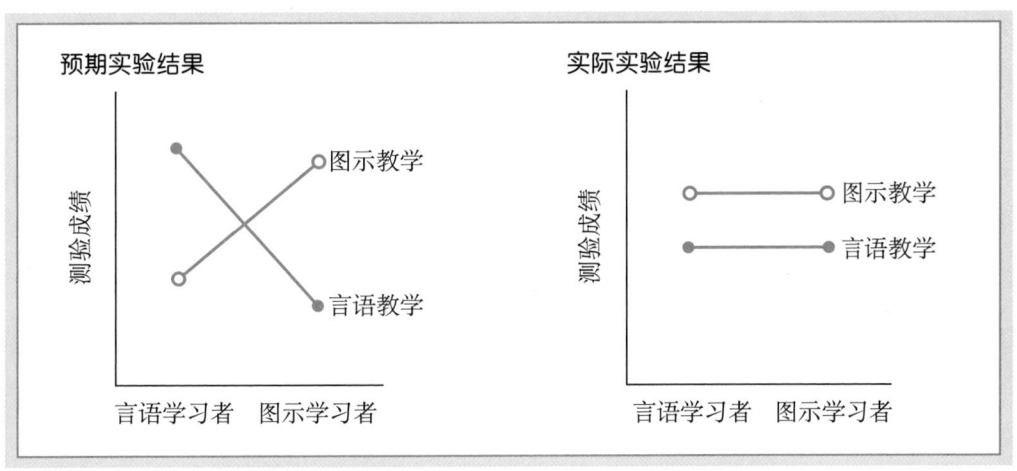

图3.18　学习风格的预期实验结果与实际实验结果

十、对主动教学与主动学习的进一步探讨

1. 主动教学方式无效的原因

虽然发现和合作这样的主动教学方式已得到了广泛的应用，但是如果使用不当则会妨碍意义学习。如表3.19所示，这两种教学活动都是为了促进生成认知加工，例如：教师鼓励学习者探索相关的原有知识，以便理解即将学习的新知识。这是一个令人欣慰的目标，但无主动学习经验的学习者在没有任何指导下直接进行探究或讨论时，往往效率低下，因为这样做增加了无关认知负荷——与教学目标无关的认知加工。同时，学习者无法将原有知识与新知识联系起来，因此就不能进行有效的基础认知加工——对重要的信息进行心理表征。发现学习和合作学习的优势是促进生成认知加工。如果这样做以增加无关认知加工并降低基础认知加工为代价，那么其势必会造成优势与代价互相抵消，是不是要使用这两种教学方法就要打一个问号了。

表3.19　发现学习和合作学习无效的原因

活动	认知过程		
	无关	基础	生成
发现学习	增加	降低	增加
合作学习	增加	降低	增加

发现学习和合作学习均为了鼓励学习者进行意义学习，就其目标而言它们是有价值的。但是研究表明，当教育者采用纯发现学习或无效合作学习的形式时，这一目标就可能落空。因此教学设计者面临的挑战在于，教学方法要能促进学习者的生成认知加工，同时引导学习者进行基础认知加工，并尽量减少无关认知加工。

2.两种主动学习方式

使用发现学习和合作学习的理由是这两种方法能促进学生主动学习,即学生能够积极地表现或讨论。然而,不是所有的主动学习都有助于学习者进行意义学习。图3.19显示了两种主动学习的方式——行为活动(如动手操作或讨论)和认知活动(包括选择、组织和整合三种认知加工)。如你所见,高认知活动才能促进学生进行意义学习,而高行为活动未必能比低行为活动更好地促进学生进行意义学习。图中右上方格子表明低行为活动也有可能产生意义学习,比如你正在理解性地阅读本页材料。与此相对,图中左下方格子显示高行为活动未必能产生意义学习,比如学生根据实验步骤机械地动手操作。

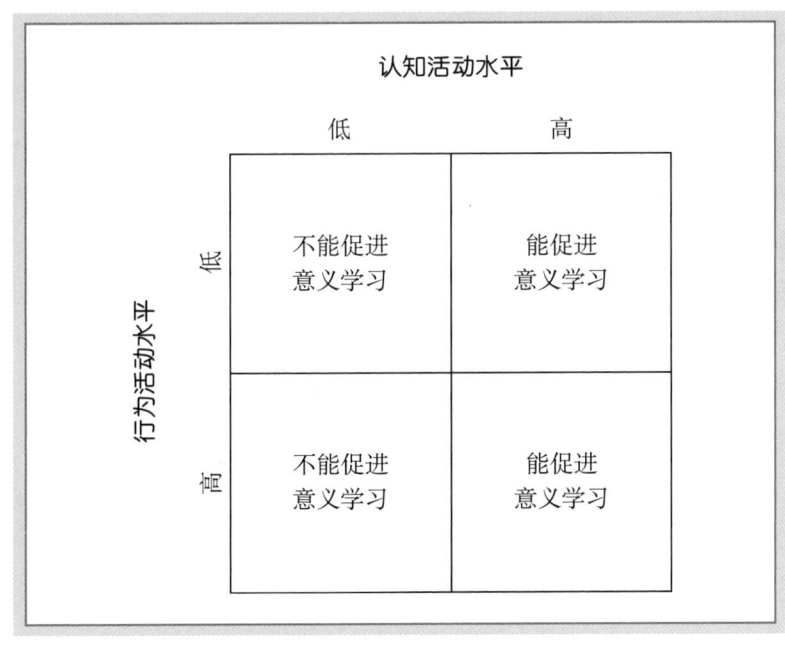

图3.19　两种主动学习方式

参考书目与推荐阅读

第54—55页

Shavelson, R. J., & Towne, L. (Eds.). (2002). *Scientific research in education*. Washington, DC: National Academy Press.

本书总结了开展教育科学研究的六项指导原则。

第56—61页

Anderson. L. W., Krathwohl, D. R., Airasian, P. W., Cruikshank, K. A., Mayer, R. E., Pintrich, P. R., Raths, J., & Wittrock, M. C.(2001). *A taxonomy for learning, teaching, and assessing: A revision of Bloom's taxonomy of educational objectives*. New York: Longman.

本书基于学习科学研究的进展,提出了教学目标的框架。这本书是由学习、教学和评估方面的专家合作撰写的。

Pellegrino, J. W., Chudowsky, N., & Glaser, R. (Eds.). (2001). *Knowing what students know: The science and design of educational assessment*. Washington, DC: National Academy Press.

本书受美国国家研究委员会委托,由著名的评估研究者撰写,主题为如何评估学习结果。

第62—65页

Mayer, R. E. (2009). *Multimedia learning* (2nd ed.). New York: Cambridge University Press.

本书以学习科学为基础,对有效教学方法的研究项目做了评论。

Sweller, J. (1999). *Instructional design in technical areas*. Camberwell, Australia: ACER Press.

本书以认知负荷原理为基础,对研究项目做了评论。

第66—75页

Clark, R. C., & Mayer, R. E.(2008). *E-Learning and the science of instruction.* San Francisco: Pfeiffer.

本书对在以计算机为基础的环境中实施有效教学的方法做了评论。

Cooper, G., & Sweller, J. (1987). The effects of schema acquisition and rule automation on mathematical problem-solving transfer. *Journal of Educational Psychology, 79,* 347-362.

本文涉及对样例教学的效果开展的一项研究。

Halpern, D. F., Graesser, A., & Hakel, M. (2007). *25 learning principles to guide pedagogy and the design of learning environments.* Washington, DC: American Psychological Society Task-force on Life Long Learning at work and at Home.

本文对以研究为基础的25个教学设计原理做了评论。

Kalyuga, S. (2005). Prior knowledge principle in multimedia learning. In R. E. Mayer (Ed.), *The Cambridge handbook of multimedia learning* (pp. 325-338). New York: Cambridge University Press.

本文对专长反转效应的研究做了总结。

Mayer, R. E. (Ed.). (2005). *The Cambridge handbook of multimedia learning,* New York: Cambridge University Press.

本书共有35章，对多媒体教学设计原理的研究做了评论。

Mayer, R. E. (2009). *Multimedia learning* (2nd ed.). New York: Cambridge University Press.

本书以学习科学为基础，对有效教学方法的研究做了评论。

O'Neil, H. F. (Ed.). (2005). *What works in distance learning: Guidelines.* Greenwich, CT: Information Age Publishing.

本书总结了以研究为基础的在线课堂教学设计原理。

Pashler, H., Bain, P., Bottage, B., Graesser, A., Koedinger, K., McDaniel, M., & Metcalfe, J. (2007). *Organizing instruction and study to improve student learning* (NCER 2007-2004). Washington, DC: National Center for Educational Research, Institute of Educational Sciences, U.S. Department of Education.

本文以研究为基础，对教学设计原理做了评论。

Roy, M., & Chi, M. T. H. (2005). The self-explanation principle in multimedia learning. In R. E. Mayer (Ed.), *The Cambridge handbook of multimedia learning* (pp.271-286). New York: Cambridge University Press.

本文对将自我解释作为一种教学方法的研究效果做了评论。

第76—81页

Mayer, R. E. (2008). *Learning and instruction* (2nd ed.). Upper Saddle River, NJ: Pearson/Merrill Prentice Hall.

本书是促进意义学习的教学方法的最新总结。

第82—85页

Mayer, R. E. (2004). Should there be a three-strikes rule against pure discovery learning? *American Psychologist, 59*, 14-19.

本文对发现学习的研究做了评论。

Mayer, R. E., & Massa, L. J. (2003). Three facets of visual and verbal learners: Cognitive ability, cognitive style, and learning preference. *Journal of Educational Psychology, 95*, 833-846.

本文对言语—图示学习方式的效果做了评论。

Slavin, R. E., Hurley, E. A., & Chamberlain, A. (2003). Cooperative learning and achievement: Theory and research. In W. M. Reynolds & G. E. Miller (Eds.), *Handbook of psychology* (vol. 7; pp.177-198). New York: Wiley.

本文对小组学习的研究做了评论。

第四章

如何开展评估

应用学习科学的一项核心任务就是对学习结果做出评估——即詹姆斯·佩莱格里诺和他的同事所说的"了解学生知道了什么"。有时,我们把评估作为教育项目结束后附加的一项单独活动。与此相反,我在本书中主张评估与学习、教学是不可分割的。评估既能清晰地描述学生学到了什么,又能指导教学,评估与学习、教学是密不可分的。

如果我们想要采用一种科学的学习方式,那么就需要实证研究来证明所持的学习理论;如果我们想要采用一种科学的教学方法,那么就需要实证研究来证明哪一种教学方式是最有效的。评估科学能够帮助我们得出这些证据。

评估科学关注的是学习者学到了什么。本章我将介绍在评估学习结果中涉及的概念和问题。

要目概览

- 一、什么是评估
- 二、什么是评估科学
- 三、三种评估功能
- 四、如何编制有效的评估工具
- 五、教学效果研究什么
- 六、实验考察法
- 七、如何评估学习结果
- 八、意义学习与机械学习:威特海默的平行四边形课
- 九、评估学习结果:量评还是类评
- 十、拓展评估领域
- 十一、评估的误区

一、什么是评估

评估涉及确定学习者学到了什么、学习者的学习方式,以及与学习相关的学习者的个性特征。我们实施一项评估时,要设法描述学习结果(即知识)、学习过程(即建构知识的认知过程)或者学习特征(即建构知识的能力)。表4.1总结了这三项评估要素。最常见的评估要素是学习者的知识,也就是学习者学到了什么(如表4.1中第一行所示)。总之,评估学习结果是本章探讨的重点。

表4.1 评估的三项要素

评估	描述	举例
学习结果	实施教学后学生学到了什么?	写下评估的定义。
学习过程	学生在教学过程中如何学习?	对学生在学习过程中的脑力劳动从1(最低)到7(最高)进行等级评估。
学习特征	实施教学前学生的状况如何?	对学生的学习兴趣从1(最低)到7(最高)进行等级评估。

评估通常是间接的。我们观察学习者的学业表现,比如对测试问题是如何做出回答的,从学习者的学业表现来判断其既有知识、学习过程和学习特征(见图4.1)。

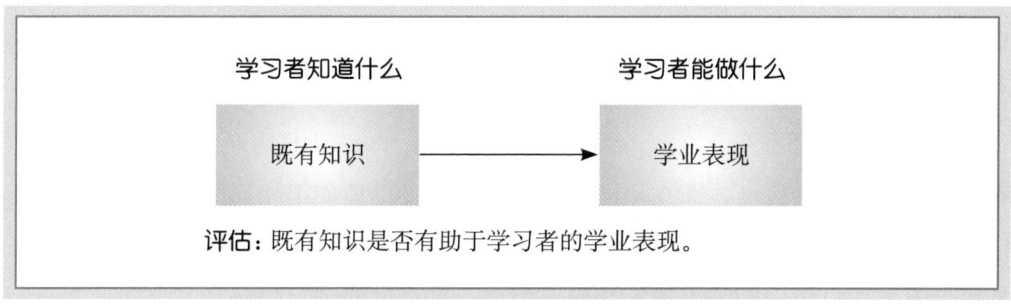

图4.1 学习者的既有知识和学业表现之间的关系

二、什么是评估科学

在本书导论部分，我们已经对什么是评估科学做出了界定，在此予以进一步的说明（见图4.2）。

> **定义**：评估科学是关于确定人学会了什么的科学研究。
> **目标**：用既有效又可信的工具评估学习者的学习结果、学习过程和学习能力。
> **标准**：评估方式是有效的和可信的。

图4.2　什么是评估科学

评估科学是关于确定人学会了什么的科学研究。美国国家研究委员会最近发布了一份题为《了解学生知道了什么》的报告，在该报告中詹姆斯·佩莱格里诺、娜奥米·丘多夫斯基和罗伯特·格拉泽指出了如下一个要点：

教育评估旨在判断学生的学习效果（第1页）。

简而言之，评估科学关注的是"了解学生知道了什么"的评估方法。

评估科学的基本目标是开发评估工具（或方法），以确定学习者学到了什么，即了解学习者经过学习后知识上产生的变化。此外，在某些情况下，评估的目标还包括确定学习者在学习期间参与的认知过程，或者确定学习者接受学习之前的特点。

评估科学的标准是：第一，评估工具的效度，即评估是用于一个适当的目的；第二，评估工具的信度，即在相同的环境中实施评估要使用相同的测量工具。

如你所见，要在教育中应用学习科学，有效的评估工具是必不可少的。如果我们要开发有实证依据的学习理论和教学原理，那么就必须对学习者的学习效果进行评估。总之，教育评估要将"证据"纳入"有实证依据的实践"之中。教育研究面临的一个基本挑战是开发有效的评估工具——测验，以便能够真正了解学习者学到了什么。

三、三种评估功能

评估在本质上是与教学相联系的，它可以用于三种教学功能——①**教学前**，描述学习者的特点；②**教学中**，描述学习者对教学的反应；③**教学后**，描述学习者的知识掌握情况。到目前为止，最常用的评估功能是教学后评估学习者的知识掌握情况，如表4.2第三行所示。

表4.2 三种评估功能

时段	功能	举例
教学前	确定学习者的特点，从而制订恰当的教学计划。	你掌握了什么？
教学中	确定学习者的掌握情况，以便及时调整教学。	你从本课中学到了什么？
教学后	通过记录学生的学习过程获得学习反馈；为后续教学提供改进建议。	你从这个教学单元或课程中学到了什么？

如表4.2中第一行所示，教学前的评估——也可称为"**预评估**"，对于了解学习者的背景知识、兴趣以及学习能力是非常有用的。比如，小学一年级数学课开课之前，我们可以对学习者进行前测，以评估其基本算术知识的掌握情况。在做教学决策时，最重要的是了解学生之间背景知识的差异性。

如表4.2中第二行所示，教学中的评估——也可称为"**形成性评估**"，涉及经过一段较短的时间后（比如一个单元培训项目中的某一个课时，或者长达8小时讨论课中的20分钟片段），确定学习者的学习情况。例如，教师可以在课堂上的某个时间点，对学生进行非正式的测验：将问题写在黑板上，让学生当场作答。课堂上的小测验可以帮助教师了解教学进度和方法是否有效，确定哪些教学内容还需要再投入时间。

如表4.2中第三行所示，教学后的评估——也可称为"**总结性评估**"，涉及经过一段较长的时间后(比如一个完整的课程或者项目)，确定学习者的学习情况。比如，代数课结束后，教师会安排一次考试，考试范围是整个课程所学的内容。通过记录该课程能够在多大程度上有助于学生学习代数，这样的考试成绩就能够提供学习反馈。教学后的评估还可以为改进下次教学提供建议，所以它也具有形成性评价的作用。

第四章 如何开展评估

四、如何编制有效的评估工具

恰当地使用评估工具（下面我简称为"测验"）包含以下四个方面的特点：

◇ **效度**。出于恰当的目的合理解释和使用测验分数。
◇ **信度**。只要在相同环境下进行测验，就可以得出相同的测验分数。
◇ **客观性**。每个评分人评出来的测验分数都是按照一样的标准。
◇ **参照性**。测验分数以便于解释的形式呈现。

表4.3对这四个特点进行了总结。

表4.3 有效测验的四个特点

特征	定义	实施
效度	出于恰当的目的合理解释和使用测验分数。	测验内容与预期内容相符（内容相关证据）；在一项标准化测试中，测验分数与后续的学业表现的相关性（标准相关证据）。
信度	每次测验都得到同样的分数。	前测和后测之间的相关性（重测信度）；前后两半部分测验项目得分的相关性（分半信度）。
客观性	每个评分人都是按照一样的标准来评分。	分数与两个评估者之间的相关性（内部一致性信度）。
参照性	测验分数便于做出解释。	标准差高于或低于平均值（标准分数）；百分比的分数低于原始分数（百分位等级）；是否符合标准。

效度取决于解释与使用测验分数达到恰当目的的程度。1999年出版的《教育和心理测验的标准》（*Standards for Educational and Psychological Testing*）一书指出：效度并不是测验固有的属性，而是"哪一种证据和理论在多大程度上可以被测验使用者用来解释想要测量的事物"（第9页）。两个关于效度证据的来源是内容相关证据和标准相关证据。**内容相关证据**是指测验试题是否覆盖了相关教材的内容（通常称为"表面效度"或"内容效度"）。例如，一个测验意在考查分数加减法的掌握情况，却掺杂了几何内容，这就说明这项测验缺乏使用目的的证据。**标准相关证据**是指在一项标准化测验中，测验分数与后续的学业表现的相关性（通常称为"预测效度"）。例如，大学入学考试的分数应该与大学成绩有很强的相关。假定我们对100名学生进行大学入学考试，然后再将其入学考试成绩和他们进入大学后两年的平均绩点进

行对比。如果两者之间没有高度正相关，那么就说明缺乏效度的标准相关证据。

信度是指测验分数的一致性。一项信度较高的测验能够在相同环境下给出相同的分数。有两种途径来判断一项测验是否具有信度：重测信度和分半信度。重测信度即让学生参加一项测验，过一段时间后，在相同的环境下重复这项测验。信度取决于这两次测验分数的相关程度。例如，20名学生在相同环境下，对于10个相同的单词，重复两次拼写测验。大部分学生第二次测验的分数比第一次高出很多或低出很多。在这种情况下，我们就认为该测验不具有信度。分半信度即对试卷前半部分题目的得分和后半部分题目的得分进行比较。例如，一项数学测验中共有20道题，算出25名学生针对随机抽取的10道题的平均成绩，再算出另外10道题的平均成绩。信度取决于这两个平均成绩的相关程度。测验的题目越多，信度就越高。分半信度只有在测验题目属于同一维度的情况下才可以使用。

客观性其实是另一种形式的信度，即不管评分者是谁，都要以同样的方法及标准来评分。判断一项测验客观与否的方法是：请两位老师分别对同一批学生的测验进行评分。例如，一项测验有20位考生参加，每位考生都有两个成绩。测验的客观性取决于两位老师所给出分数的相关程度，亦可称之为内部一致性信度。谈到测验的客观性，你可能会想到多项选择题。这是一种正确的设想，因为客观的测验评分不需要评分者进行判断。即便是开放性试题（比如作文题），只要评分要点（或评分量规）清晰，也可以做到高度客观。

参照性可以让你了解原始分数的意义。一次常模参照测验（或标准化测验）所给出的分数，可以让你了解自己的成绩在所有考生中的位置。测验达到标准化的途径有两个：标准分数和百分位等级。标准分数即用你的原始分数减去总体均值再除以标准差。这样就把原始分数转换成了标准分数——衡量你的分数和总体均值之间相差多少个标准差。如果标准分数是 +0.8，那么意味着你的分数比总体均值高出0.8个标准差。百分位等级即通过计算多少人的分数低于或高于你的分数，从而将原始分数转化为百分位等级。如果百分位等级是80，那么意味着80%的考生的原始分数低于你的分数。如你所见，标准分数解释了原始分数的意义。如果你希望解释自己的分数和其他考生的分数之间的关系，那么就需要标准化。标准参照测验能告诉你是否达到了具体的学习目标，比如，学习者是否能够完成一项具体的学习任务。标准参照测验要为学生在一系列题目中的表现设定一条分数线，这种设定要有充分的证据，而不是随意选择的。

五、教学效果研究什么

在评估教学效果时，你需要考虑以下三种基本的问题，每一类问题都可以通过一种研究方法来得以回答（见表4.4）。

（1）是什么在起作用？我们也许想要了解某种教学方式是否有效。例如，为了检测微笑和做手势在讲课中的效果，在一节相同的课中，教师针对其中一组学生运用了微笑和做手势，针对另一组学生没有运用这些手段，我们可以比较两组学生的得分均值。

（2）什么时候起作用？我们可能想要了解某种教学方式针对特定的学习者、教学目标或者学习环境是否有效。例如，我们可以分别针对学业成绩好和学业成绩差的学生使用不同的教学方式，然后比较其得分均值，以此检测针对不同类型的学习者微笑和做手势，是否能够产生同样的效果。

（3）如何起作用？我们可能还想了解学习者在学习过程中的心理变化，也就是教学方式产生效用的机制。例如，当教师微笑和做手势时，我们可以让学习者描述他们的心理变化，或者要求他们针对课程中的反馈来填写问卷或接受访谈。

表4.4 关于教学效果的三类问题

问题	议题	举例	方法
是什么在起作用？	这种教学方式促进学习了吗？	我在课堂上微笑和做手势，是否能够促使学生的学业进步？	对照实验
什么时候起作用？	这种教学方式针对特定的学习者、教学目标或者学习环境有效吗？	微笑和做手势对女生产生的效果比对男生产生的效果更大吗？	析因实验比较
如何起作用？	这种教学方式奏效的内部机制是什么？	为什么在课堂上微笑和做手势能够让学生取得更好的学习效果？	观察分析、问卷调查或者访谈

（一）是什么在起作用？运用随机对照实验

我们如何判断一种教学方式是否发挥作用呢？对照实验是确定教学方法是否能够引起学习者知识变化的最有力的方式。简而言之，如果你的目标是确定教学方法是否能够对学习产生积极的影响，那么对照实验就是最佳的选择。对照实验（也可称之为随机对照实验或者简称为实验）具有三个主要特征：实验控制、随机指派和合理测验（见表4.5）。

表4.5 对照实验的三个特征

特征	定义	举例
实验控制	除了一项变量（如教学方式）不同，实验组和控制组需要接受其他因素都相同的处理方式。	一组阅读纸质文本（控制组），另一组阅读同样的文本，但其中的关键词字体加粗。
随机指派	将学习者随机分成实验组和控制组。	从50个学生中随机挑选25个学生作为控制组，而另外25个学生作为实验组。
合理测验	采集每个组的均值、标准差和样本数量，作为相关测量的数据。	针对20道题的测验，实验组25个学生的得分均值（均值 = 15，标准差 = 3）比控制组25个学生的得分均值（均值 = 12，标准差 = 3）要高。

要进行对照实验，首先你要创建一堂控制课（如课本上有关海浪的一章），然后改变课堂中的一项要素，来创建一堂实验课（如同一篇课文中的关键词字体加粗）。除了有意控制的因素之外，两堂课的实验控制方式是完全相同的。其次，挑选一些学生，将其随机分配至控制组和实验组。这种方式可以满足随机指派的要求。最后，检测所有学习者对材料的掌握程度，从他们的分数可以计算出每个组的均值和标准差。这样就达到了合理测验的要求。

这些定义和举例都是假定你会抽取两个不同的小组（被称为"被试间设计"），但是也有可能是让同一批学生接受控制教学和实验教学，这种情况是采用了两种处理条件而不是针对两个不同的小组（被称为"被试内设计"）。大多数有关教学方式的对照实验运用"被试间设计"的方法。

让我们通过下面这个专栏（见图4.3）看看你是否理解实验控制、随机指派和合理测验这些要求。

> 如果该设计满足了对照实验的要求，请在前面的横线上打钩。
>
> ____ 我们开发了一种新的算术教学方法。在前测之后，让一组学生接受实验教学法（运用新的教学方法），然后对学生进行后测。通过前后测的比较，我们发现学生的成绩有了大幅度的提高，因此，我们得出结论：新的教学方法是有效的。
>
> ____ 我们开发了一种新的算术教学方法。让一组学生接受实验教学法（例如讨论法），让另一组学生接受传统的教学方式（例如讲授法）。在后测中，实验组的学生比传统组的学生的表现好。因此，我们得出结论：新教学方法是有效的。
>
> ____ 我们开发了一种新的算术教学方法。我们请太阳谷（Sunny Valley）学校的阿普尔（Apple）女士在班里运用新方法上课，请寒冬山（Frostbite Mountain）学校的普鲁内（Prune）先生在班里运用传统方式上同一堂课。在后测中，阿普尔女士的学生比普鲁内先生的学生表现好。因此，我们得出结论：新教学方法是有效的。
>
> ____ 我们开发了一种新的算术教学方法。一个班里有30个学生，我们随机抽取了15个学生接受实验教学法，另外15个学生接受控制教学法。除了教学方式不同之外，两组学生接受的处理方式中的其他因素均相同。我们要求学生从1到10对自己的学习效果进行评分。实验组学生的评分比控制组学生的评分高。因此，我们得出结论：新教学方法是有效的。

图4.3 你是否理解随机对照实验的要求

如果你没有在任何一项设计前打钩，那说明你不是忘记带笔了，就是理解了对照实验是如何发挥作用的。第一个和第二个例子缺少实验控制（尽管第二个例子比第一个例子控制得好一些），第三个例子缺少随机指派（尽管你可能会运用统计技术使两个小组的水平相同），第四个例子缺少合理测验。如你所见，当试图回答"是什么在起作用"时，上述做法中有很多地方是不到位的。

美国教育研究协会颁布的《因果关系评估》（Estimating Causal Effects）指出，教育研究者已经达成一项共识：**教学效果需要运用实验来评估。**

"只要合理地实施，随机对照实验就是检验教学效果的最好手段。"（第11页）

（二）什么时候起作用？运用析因实验

知道什么在起作用，这是一个良好的开端，但这在某种程度上只提供了有关教学效果的粗略指标。例如，假设基于多个对照实验，研究者发现当教师在课上微笑和做手势时，学生的学习效果会更好。其基本原理是学生可能感到更加融入课堂，因此更加努力地理解讲课的内容。接下来的一个重要步骤是确定这个教学原理是否存在边界条件，也就是说，我们想要知道这项原理适用于或不适用于哪些人、哪种材料以及哪种学习情境。为了说明这个问题，我们可以设计一个实验：随机挑选学生参加一堂课，在课上教师微笑和做手势，然后再请学生参加另一堂内容相同的课，只是在课上教师并没有微笑和做手势。我们同样关注学生是坐在教室的前半部分还是教室的后半部分。这就是一个析因实验，因为其中包含了多个因子。在这个例子中，教学方式是一个因子，学生的座位类型是另一个因子。表4.6表明了后续的测验可能产生的结果类型（基于百分比的正确率）。

表4.6 运用准实验的析因对照

教学分组	学生的类型	
	坐在教室前半部分的学生	坐在教室后半部分的学生
教师微笑和做手势的课堂	80%	60%
教师没有微笑和做手势的课堂	60%	60%

在这个案例中，教学方式（微笑和做手势）对于坐在教室前半部分的学生产生了显著的影响，而对于坐在教室后半部分的学生则没有影响。因此，对于微笑和做手势的效应，我们已经确定了一项重要的边界条件，那就是主要对坐在教室前面的学生会产生影响。这是一个准实验，因为我们并没有随机将学生分组，即让他们随意坐在自己喜欢的位置。如果我们随机安排学生的座位以及分组，那么就是一个实验（而非准实验）。鉴别教学效果的边界条件是一个重要的评估目标。

（三）如何起作用？运用观察分析

在确认了哪种教学方式有效以及何时奏效之后，下一步就要确认它是如何起作用的。例如，为什么教师在课堂上微笑和做手势能够促使学生学到更多的知识？要回答这个问题，观察分析就是一项有效的评估技能。我们需要观察和描述人们在学习过程中做了什么。观察分析有时涉及基于评分量规，对观察内容进行归类。如图4.4所示，我们每隔15秒观察课堂上一位学生并且记录其行为——专注任务（如看着教师、看着屏幕或者记笔记）或者游离任务（如四处张望、发短信、乱写乱画或者查看邮件）。

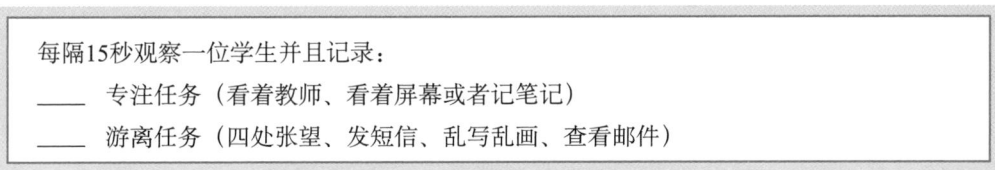

图4.4　课堂观察的量规

假设在微笑和做手势组中，学生会在专注任务中花费更多的时间，例如记笔记；而控制组的学生则在游离任务中花费更多的时间。这就意味着微笑和做手势能够促进学生更加努力。此外，让我们再来看一下两组学生所做的笔记有什么区别。我们不妨将笔记中的观点分为基本事实和深层启示。假设我们发现微笑和做手势组的学生的笔记包含更多的深层启示，而控制组的学生的笔记包含更多的基本事实。那么，这些观察分析足以表明微笑和做手势能够促使学生更加努力地学习。

另一种有效的技术是运用访谈或问卷调查，要求学生描述自己在学习过程中的所思所为。例如，在一堂课结束之后，我们可以提出下列简单的问题。

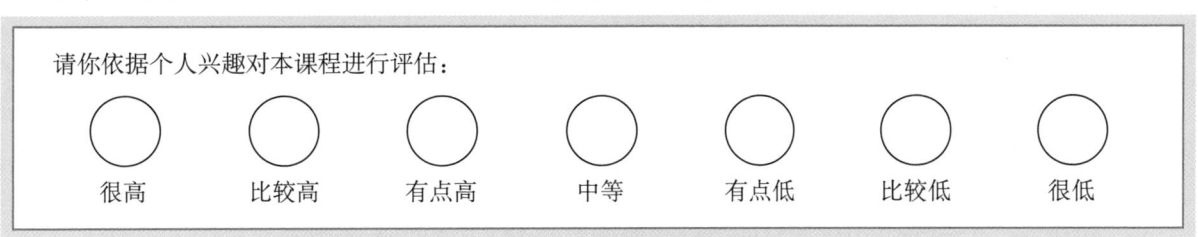

图4.5　问卷调查题目

如果微笑和做手势组学生的评分比控制组中的学生的评分要高，那么就验证了这种教学方式是起作用的，因为它促使学生更加努力地学习。总之，观察学生做了什么（或者让他们说说自己做了什么）为研究教学是如何起作用提供了重要的证据。

六、实验考察法

假设在进行对照实验之后,你得到如下的结果(见表4.7):处理组(亦称之为实验组)的学生在迁移测试中的平均得分为85,控制组的学生的平均得分为80,两个组的标准差均为10。

表4.7 对照实验结果

组别	均值	标准差	样本数量
实验组	85	10	30
控制组	80	10	30

我们如何判断这种差异对教学具有重要的实际意义呢?计算效应量就是一种有效评估对照实验的重要性的方式,下文对此将进一步展开介绍。

(一)利用效应量来评估教学效果

效应量是测量实验效果强度的指标,其为评估教学效果提供了一种常见的衡量标准——与控制组相比,由教学方式引起的标准差提升或降低的数量。依据雅各布·科恩(Jacob Cohen)的经典著作《行为科学的统计功效分析》(*Statistical Power Analysis for the Behavioral Sciences*),我们可以将实验组和控制组的均值相减,然后再除以合并标准差,以此得到效应量(称为 d)。

$$效应量 = \frac{实验组均值 - 控制组均值}{合并标准差}$$

我们回到表4.7的对照实验案例中,效应量就是(85 - 80)/10。

$$效应量 = \frac{85-80}{10} = 0.5$$

这意味着实验组的得分均值比控制组高出0.5个标准差。

有些研究者运用其他方法来测量效应量,例如埃塔平方(η^2)。所有测量效应量的目标都是一样的——确定效应的强度。正如表4.8所示,依据雅各布·科恩的观点,$d = 0.5$ 这个效应量是一种中等程度的效应。

表4.8 效应量衡量标准

效应量（d）	效应强度
<0.2	可忽略
0.2	小
0.5	中
≥0.8	大

这些指导原则有没有漏洞呢？正如雅各布·科恩等人指出，即使效应量很小，其影响也可能非常重要，这取决于研究情境。例如，罗伯特·罗森塔尔（Robert Rosenthal）和同事介绍了一项研究，比较服用阿司匹林和服用安慰剂在心脏病发病概率上的差异。虽然服用阿司匹林的患者的效应量很小，只有不到3.4%的病人会心脏病发作，但是这个效果是非常重要的。

在元分析中如何运用效应量呢？

复制指的是重复同样的对照实验，可能采用不同的内容、不同的学生或者教学场所。复制对照实验能够有效地确定在原始实验之外，效果能在多大程度上被得以推广。如果我们针对同样的处理方式，进行了大量的对照实验，那么就可以计算平均效应量。基于大量对照实验计算平均效应量的过程，称之为**元分析**。元分析可以确定针对特定的学习者、特定的教学目标或者特定的学习环境，是否具有较大的效应量。

例如，表4.9是一项基于40个对照实验的元分析。教学方式1对于水平较低的学生具有介于中等和高等之间的效果（基于12项比较），但是对于水平较高的学生则没有效果（基于10项比较）。相反，教学方式2对于水平较高的学生具有中等效果（基于8项比较），而对于水平较低的学生则没有效果（基于10项比较）。如你所见，随着数据的积累，你会发现是什么在起作用，并且在什么条件下才能起作用。教学方式1似乎对于水平较低的学生更有效，而教学方式2对于水平较高的学生则更有效。

表4.9 一项假设的元分析

教学方式	学习者的类型			
	高水平		低水平	
	平均效应量	数量	平均效应量	数量
方式1	0.1	10	0.7	12
方式2	0.5	8	0.0	10

（二）造成实验组和控制组无差异的六个理由

假设你现在设计了一种新的教学方式教授外语词汇，并且进行了一项随机对照实验（以下称之为实验），但是在后测中，实验组的表现没有比控制组的表现更加出色。为什么没有产生显著的差异呢？表4.10列出了造成实验组和控制组无显著差异的六种理由。

表4.10　为什么实验组和控制组无显著差异

原因	举例	解决方案
处理效果	这种处理方式是无效的。	得出这种教学方式是无效的结论。
样本数量不足	每个组的学生人数不够。	增加样本数量。
因变量不敏感	因变量不够敏感，因此不能检测出学习结果中的差异。	使用更恰当的测量方式。
实验的逼真度	实验组和控制组之间的差异不够明显。	增加更多的处理方式。
学习者不敏感	学习者对这种教学方式不敏感。	选择更合适的学习者。
混淆变量	实验组和控制组在一个重要的变量上有差异。	对混淆变量做好统计控制。

对于无显著差异最直接的解释就是该教学处理是无效的。如果两个组在因变量上并没有表现出显著差异，那么这是你必须得出的结论（至少在当时那个时候）。我们通常运用的统计测验都是为了尽可能降低在无效的情况下得出有效的结论（Ⅰ型错误），或者增加在有效的情况下得出无效的结论（Ⅱ型错误）。如表4.11所示，教育研究者尽量避免Ⅰ型错误（在大多数实验中 $p<0.05$），同时这也增加了Ⅱ型错误的概率。

表4.11 两种类型的统计错误

类型	说明	解释
Ⅰ型错误	当无效的时候得出有效的结论。	$p<0.05$意味着出现Ⅰ型错误的概率小于5%。
Ⅱ型错误	当有效的时候得出无效的结论。	$p<0.05$并不代表Ⅱ型错误,但是出现Ⅱ型错误的概率大于5%。

接下来我们讨论一下即使教学方式已经发挥了作用,还有其他什么原因也会导致实验组和控制组没有表现出显著差异。最常见的问题就是每个组的学生人数不够。依据雅各布·科恩提出的一项**统计功效分析**(基于0.80的效力),如果想得到较高的效应量($d = 0.8$),那么你需要在每个组安排26个学生;如果想得到中等的效应量($d = 0.5$),那么你需要在每个组安排64个学生;如果想得到较低的效应量($d = 0.2$),那么你需要在每个组安排393个学生。如果每个组只有10到12个学生,那么你也许没有足够的能力去验证教学方式是否有效。如果两个组的人数相差很大,那么这个问题就会更加严重(见表4.12)。

表4.12 达到恰当的统计功效所需的被试人数

预期效应量	各组所需的人数
高($d = 0.8$)	26
中($d = 0.5$)	64
低($d = 0.2$)	393

导致没有差异的另一个原因是因变量不能及时地反映学习结果。有效测验需要满足四个标准(见表4.3)。设计恰当的因变量是实验研究中最具挑战的部分,因此学习结果的评估在应用学习科学中具有重要的地位。

导致没有差异的另一个潜在原因是实验处理不足——也就是说,实验组和控制组的处理方式非常相似,或者实验组和控制组的处理方式不统一。例如,一位教师在控制组中会补充一些自己在实验组中开发的材料。还有一个原因是这种处理方式不适合学习者。例如,对于没有学过算术的学生而言,再好的微积分教学法也不会产生明显的积极效用。最后,你要确保学习者是随机分配到实验组和控制组,从而避免混淆变量。

七、如何评估学习结果

应用学习科学最重要的、最有挑战性的任务之一就是：开发测量学习结果的有效工具。进一步说，我们需要一些方法来测量学习者的理解力，下面我们对此具体加以探讨。

（一）测量学习结果的两种方法

测量学习结果的两种经典的方法是：①保持测验，即让学习者回忆所学的知识；②迁移测验，即让学习者在新的情境中运用所学的知识。保持测验注重记忆，同时它也是一种最常用的评估方法；迁移测验则注重理解，同时也是经常得到阐述的教育目标（见表4.13）。本书主要关注迁移测验，因为除了记忆，我最感兴趣的是如何促进理解。

表4.13 测量学习结果的两种方法

测验类型	测验目标	定义	举例
保持	记忆	回忆或识别所呈现的材料。	请你把课堂上讲的该仪器的特征写下来。
迁移	理解	在新的情境中评估或运用所学的知识。	如何运用所学知识来改进仪器，使之更加有效？

在一项测验中迁移的成分占多少呢？保持测验不存在迁移，只要求学习者将学到的原理和方法运用到相似的情境中去。近迁移要求学习者掌握所学的原理和方法，并在新的情境中运用这些原理和方法解决问题。远迁移要求学习者在所学原理和方法的基础上，创造出一套新的用于解决问题的原理和方法。例如，如果你刚学会解二位数减法（如54－35＝＿＿），那么保持测验通常要求你解的题目类似于 64－45＝＿＿，而近迁移则要求你解三位数减法的题目354－135＝＿＿，远迁移要求你解类似54－x＝19这样的题目（见表4.14）。

表4.14 测验题目中迁移的三种程度

程度	说明	举例
保持	解决相同或类似的问题。	在学习二位数减法之后,测验更多的二位数减法的题目。
近迁移	在新的情境中运用相同的原理或方法解决新问题。	在学习二位数减法之后,测验三位数减法的题目。
远迁移	在新的情境中运用新的原理或方法解决新问题。	在学习二位数减法之后,测验列方程式求减法的题目。

在我自己的研究中,最敏感的迁移测验题目出现在近迁移中,因此,当评估目标是测量学习者对课堂内容的理解时,我主要关注的是近迁移测量。

（二）三种学习结果

根据学习者在保持测验和迁移测验中的表现，我们可以将学习结果分为三种类型：①**无效学习**，其保持测验和迁移测验的结果都很差；②**机械学习**，其保持测验的效果很好，但迁移测验的结果很差；③**意义学习**，其保持测验和迁移测验的结果都很好（见表4.15）。

表4.15　三种学习结果

学习结果	认知状态	保持测验成绩	迁移测验成绩
无效学习	一无所获	差	差
机械学习	零散知识	好	差
意义学习	融会贯通	好	好

正如表4.15所示，意义学习和机械学习的主要区别在于迁移测验中的表现。因此，我对迁移测验在评估学习结果中的作用尤为感兴趣。

除了采用定量的方法来评估学习结果之外，我们还可以采用定性的方法，比如访谈法，在学习过程中或学习之后对学习者进行访谈；观察法，观察学生在学习过程中的表现（包括检查基于计算机学习环境中的日志文件），或者在学生学习过程中与之互动，从而确定他们需要什么帮助。定性研究可以增加描述学习结果的丰富性，同时还可以帮助澄清基本的学习过程。

八、意义学习与机械学习：威特海默的平行四边形课

正如著名格式塔心理学家马克斯·威特海默（Max Wertheimer）在其经典著作《创造性思维》（*Productive Thinking*）中所描述的那样，在心理学和教育学中机械学习和意义学习的区分由来已久。如图4.6所示，这是一个区别机械学习和意义学习的例子，你会如何教学生求解平行四边形的面积呢？

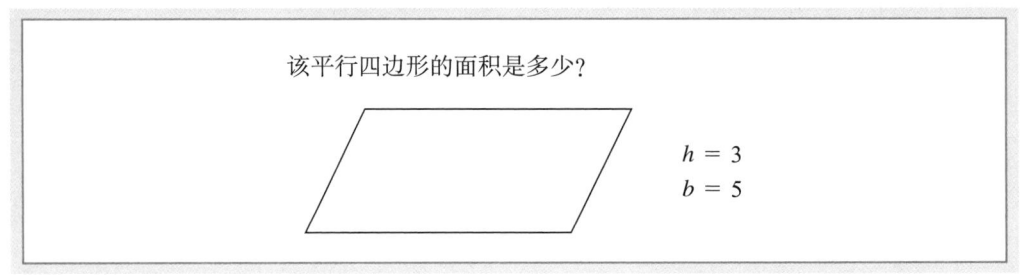

图4.6　学习任务

如图4.7左边所示，向学生直接展示平行四边形的面积求解方法是一种**机械学习**的方法。因为在解题过程中只是告知学习者要做什么，而没有解释为什么要这么做。如图4.7右边所示，让学生从一张平行四边形的纸上剪下一个三角形，用胶带把它粘到另一端，这样就变成一个长方形，这是一种**意义学习**的方法。在这种方法中，学习者经历了威特海默所说的"结构洞察力"。这种方式能够让学习者明白，平行四边形就是变了形的长方形。如果学习者已经学会了长方形的面积求解方法，那么这种洞察力就可以帮助其解决这个问题。

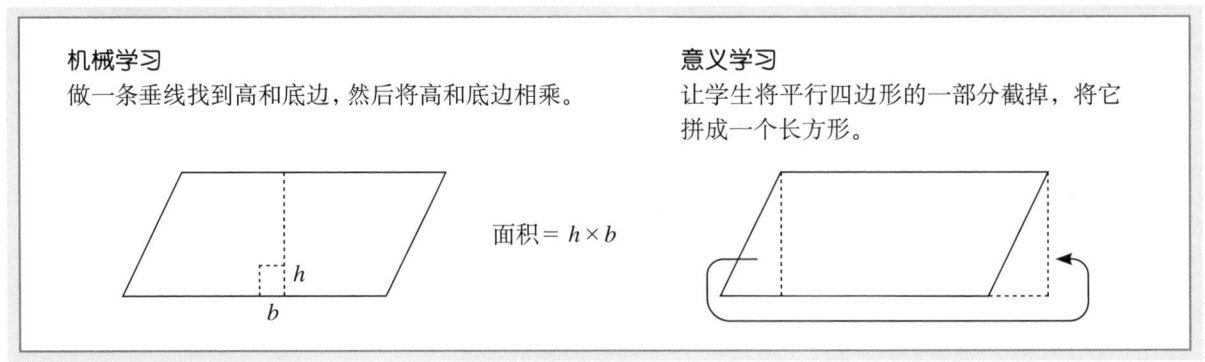

图4.7　机械学习和意义学习

威特海默认为，无论是通过机械学习的方法，还是通过意义学习的方法，学生都能解决保持问题。比如，求解平行四边形的面积和课堂中所学的问题类似；他们能够解决类似的"学习任务"问题，比如 h 等于4，b 等于6。

然而，当我们要求学生解决像图4.8所示的迁移问题时，会发生什么情况呢？例如，机械学习者可能会给平行四边形做一条垂线（在左边），接下来他会感到困惑并且说："我还没有遇到过这种情况呢。"相反，意义学习者能够重新调整长方形的形状，从而解决问题。正如你所看到的，迁移测验中的表现是区分意义学习结果和机械学习结果的因变量。

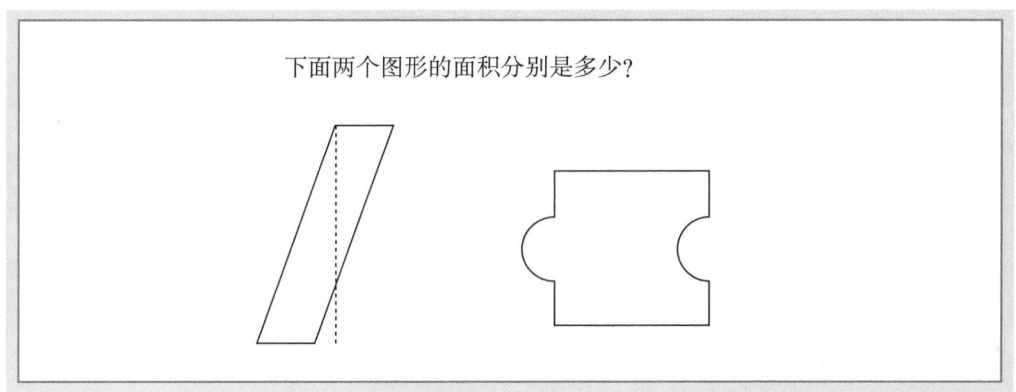

图4.8 迁移问题

威特海默是最早揭示迁移测验重要性的研究者之一（除了保持测验之外），他用迁移测验来评估学习结果。如果你的目标是评价学习者对课堂知识的理解，那么恰当的评价应该包括迁移的题目。本书第61页所示的教学目标分类为迁移测验提供了实例，这已经超越了简单的保持测验。

九、评估学习结果：量评还是类评

在评估学习结果时，我们通常采用**量评法**或者**类评法**（见表4.16）。量评法是最常用的方法，即把重点放在测量学生学会了多少知识上，比如测量一次测验的正确率。这种方法是基于学习即获得知识这一隐喻，将学习过程视为填充空容器的过程（见表2.5）。在某些情况下，采用量评法是比较恰当的，比如教学目标就是为了帮助学习者达到一定水平的测验成绩。相反，如果考虑采用类评法，那么我们是为了反映学习者的知识结构。这种方法是基于学习即知识建构这一隐喻，将学习过程视为建构认知表征的过程（见表2.5）。类评法能够提供更加具体的信息，有利于改进教学，因为它清晰地描述了学习者的知识掌握情况（见表4.16）。

表4.16 评估学习结果的两种方法

方法	描述	举例
量评法	确定学生学到了多少知识。	你正确解答了50%的减法题目。
类评法	确定学生学到了什么知识。	你的解题过程存在"小纰漏引发大错误"的漏洞。

1. 类评法的基本原理：以错误分析为例

请思考萨尔（Sal）在以下减法问题中的表现：

$$54 - 33 = 21$$
$$63 - 29 = 46$$
$$67 - 15 = 52$$
$$65 - 16 = 51$$

如果我们采用量评法来评估，那么萨尔能得到50%的分数。这个结果说明萨尔还需要接受进一步的指导，但量评法对接下来要做什么并没有给出明确的指示。相反，如果我们采用类评法来评估，那么就会注意到萨尔的解题过程就如约翰·西利·布朗（John Sealy Brown）和理查德·伯顿（Richard Burton）所说的"**小纰漏引发大错误**"。也就是说，萨尔只用每一列较大的数减去较小的那个数。总之，萨尔正确使用了一个错误的程序。如果知道具体错在哪里，那么我们就可以有针对性地设计教学。这种类评法可以指出学习者知识体系中具体的错误概念，因此被称为**错误分析**。

2.类评法的基本原理：以多层次后测为例

再看另一个例子，假设我们让一部分学生使用演绎法解答二项式概念问题（这种方法强调使用公式算出正确答案），同时让另一部分学生使用归纳法来解答同样的问题（这种方法强调要理解公式和熟悉的概念之间的关系）。随后进行后测（一个保持测验），在解答二项式概念的测验中，演绎组的学生的得分优于归纳组的学生的得分。如果我们采用量评法，并且止步于保持测验，那么我们可能会发现演绎组的学生比归纳组的学生学到了更多的知识。然而，当我和詹姆斯·格里诺（James Greeno）进行这项比较时，我们使用了一些迁移测验的题目，例如一些尚未解决的问题需要得到学生的回答是此题无解。在解决迁移问题时，归纳组的表现优于演绎组；在解决保持问题时，演绎组的表现则优于归纳组。当我们采用**多层次后测**（包括保持题目和迁移题目）时，我们发现不存在一个组比另一个组学到更多这种情况。相反，两个小组的学习结果存在结构性的差异。下图展示了一个用多层次后测实施类评法的例子。

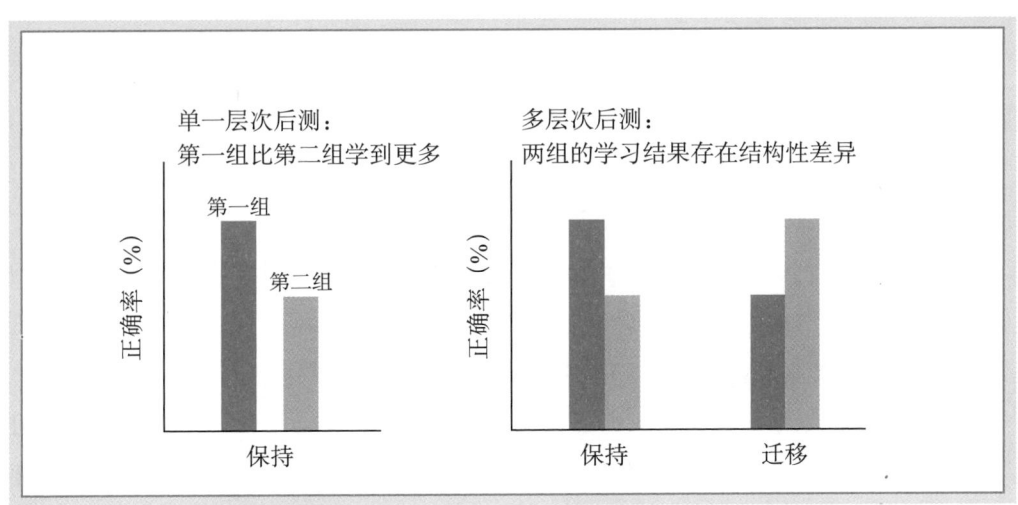

图4.9　单一层次后测和多层次后测的比较

总之，类评法的基本原理（比如采用错误分析或多层次后测的方法）提供了更多有关学生学习情况的信息，因此，更有助于制定教学决策。

十、拓展评估领域

到目前为止,我们主要关注的是学习结果的评估,其实还有其他评估领域关系到应用学习科学。表4.17列出了几个相关的评估领域。

表4.17 其他评估领域

类型	来源	举例
人口学特征	调查、记录	年龄、性别、种族特点、父母的受教育程度
认知特点	调查、测验、观察	学习能力、认知能力、学习成绩
动机特点	调查、观察	激励性目标、学习信念、归因
个性特点	调查、观察	人格特征
具体任务特点	调查、测验、观察	兴趣、具体任务动机、原有知识
学习过程	调查、观察	策略、努力、活动、自我管理

(一)拓展评估领域:确定教学方法何时起作用

学习结果评估对于确定"是什么起作用"非常有效,因为在实验状态下我们可以比较测试组和控制组的学习结果。但是,当我们要确定"什么时候起作用"(或者"对哪些人起作用")时,调查学习者的人口学特征、认知特点、动机特点、个性特点、具体任务特点以及学习过程就会很有帮助。

测验通常是笔试、在线或具体的活动,这个过程要求学习者解答题目、解决问题或完成任务。例如,如果你想评估一个人原有的算术知识,那么你可以对他们进行一次3分钟的算术测验,包括60道类似 $55 \times 2 = \underline{\quad}$ 的算术题。

观察就是记录学习者在完成任务过程中的活动。比如,要评估学习能力,你可以给学生在线上一堂课,并且记录下学生为掌握教材内容按了多少次帮助按钮。要评估学习动机,你可以记录当下有机会继续完成另一项任务时,他们是否选择那样去做。

调查是通过打印好的问卷、在线问卷或访谈等方式,收集关于学习者特征的信息。比如,要确定学习者的年龄这样的人口学特征,我们可以采用问卷调查或访谈的方式,学生根据要求提供信息。比如,设计这样的问卷调查问题:你的年龄是____。

(二)拓展评估领域：确定教学方法如何起作用

学习结果评估对确定"是什么起作用"很有效（例如，特定的教学方法是否改善了学习结果）。你可能还想知道"它是怎样起作用的"？比如，这一教学方法是如何促进学生学习的？在这种情况下，你要知道学习过程是如何进行的，因此，观察学习者在学习过程中的行为是非常有用的（例如，在教师呈现PPT时学生有多少时间分心了、听讲座时学生记笔记的质量如何、完成在线写作时浏览了哪些网页等）。另外，让学生描述自己在学习后（作为一种回顾性调查或访谈）或学习中（作为一种出声思维活动或调查）的思考过程，也是一种有用的方式。从这些信息中，你能推断学习者的认知过程，比如学习者在认知上积极参与学习的程度。

例如，克里斯塔·德莱乌（Krista DeLeeuw）和我调查过三种用来评估学生在多媒体学习中的认知负荷的方法。第一是次要任务；第二是努力学习的程度；第三是学习后的难度评级。在次要任务中，要求学生按空格键，如果屏幕的颜色从粉红色变成黑色，就说明学生的认知负荷越来越重。在努力评级中，要求学生对自己在一堂课上不同时间点的努力水平做出评估，从"心智努力很低"到"心智努力很高"，采用九级评分（九级评分的最高分是9分，最低分是1分）。在难度评级中要求学生在课程结束后，从"极易"到"极难"对这节课的难易程度做出评估，同样采用九级评分。做一下图4.10中的问卷，你认为你能给出精确的评估吗？

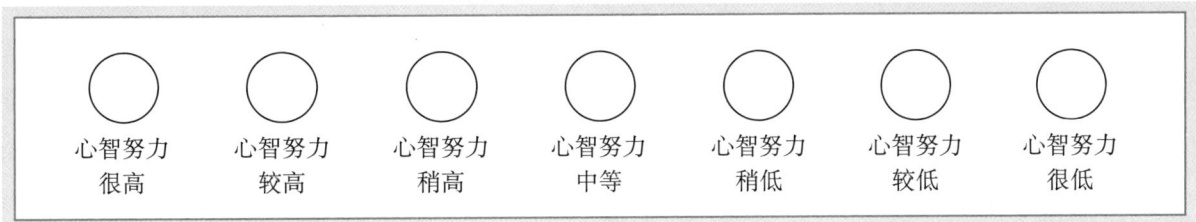

图4.10　阅读与心智努力水平等级评估

创造有效的评估工具，以扩大评估的领域，是教育研究面临的最主要的挑战。

（三）拓展评估领域：性向与教学处理的交互作用

1.什么是性向与教学处理的交互作用

如果你在一堂课中针对一些学习者运用的是 A 教学方式，而针对另外一些学习者运用的是 B 教学方式，那么每个组就会有两种类型的学习者（类型1和类型2）。图4.11展示了后测可能会产生的三种结果。

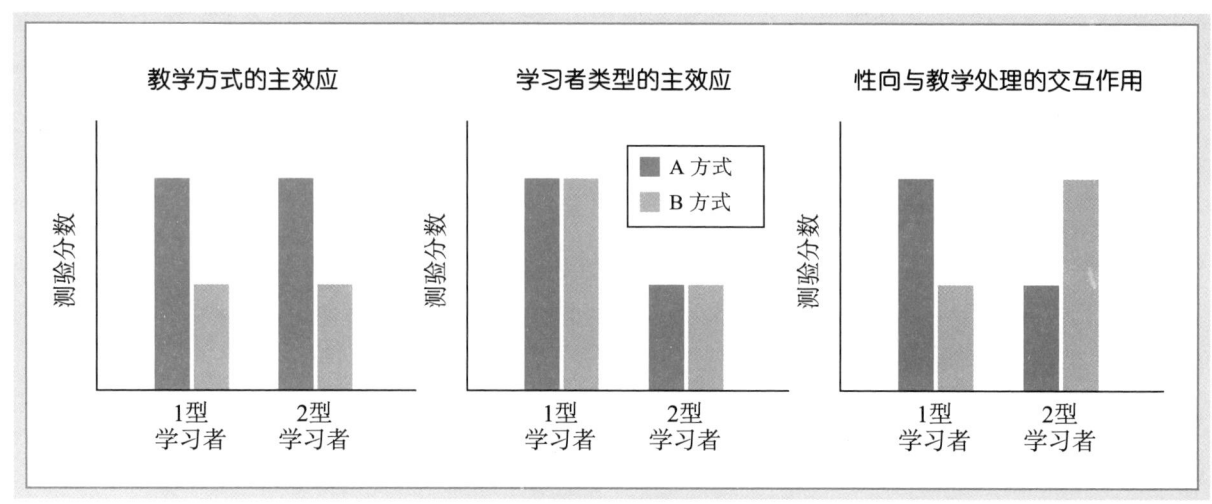

图4.11　性向与教学处理的交互作用

后测结果只能表明教学方式的主效应，例如，A 教学方式的学生得分比 B 教学方式的学生得分高（如图4.11左侧所示）。后测结果也只能表明学习者类型的主效应，例如，1型学习者的后测得分比2型学习者的后测得分要高（如图4.11中间所示）。后测结果能够表明一种交互作用，例如，A 教学方式对于1型学习者最有效，B 教学方式对于2型学习者最有效（如图4.11右侧所示）。这就是"性向与教学处理的交互作用"[或者称之为"性向 × 教学处理交互"（attribute × treatment interaction），也简称 ATI]，教学方式的效果取决于学习者的特质。

当教学效果取决于学习者的特质时，就会产生性向与教学处理的交互作用。从严格意义上来说，只有一种教学方式对某一类学习者有效，而另一种教学方式对另一类学习者有效时，才会产生ATI（如图4.12右侧所示）。这种模式称为**非序列交互**或者**交叉交互**。更宽泛地讲，相比其他类型的学习者，当一种教学方式对某一类学习者更有效时(例如，A方法和B方法之间的差异在2型学习者身上表现得更明显，而对于1型学习者则不明显)，就产生了ATI（如图4.12左侧所示）。这种模式称为**序列交互**或者**非交叉交互**。

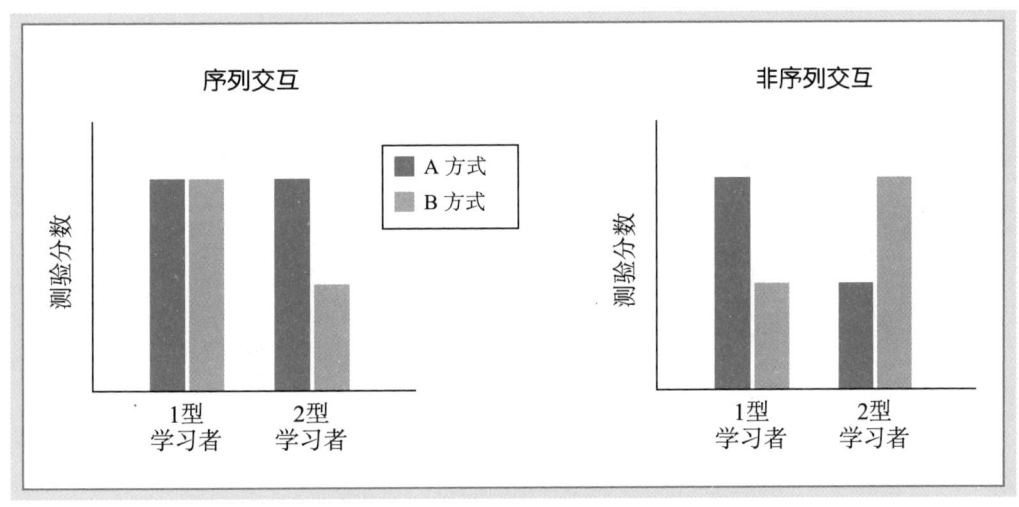

图4.12　序列交互和非序列交互

2. 涉及原有知识的性向与教学处理的交互作用

个体差异中的一项重要特征就是学习者的原有知识。如果你只能了解学生的一项特征，那么你就会想知道学生对于待学主题已经掌握了哪些原有知识。假设你要给学生上一堂有关汽车刹车装置的课——包括纸质书本和插图，为了评估学生的原有知识，你可以让他们做一项简单的调查（或者问卷）。让学生对与汽车相关的情况进行回答，并对其掌握的有关汽车机械的知识进行评分。现在让我们来完成这项调查吧（见图4.13）。

请在你已经做过的事情前面打钩。
____ 我有驾照。
____ 我给汽车打过气。
____ 我给汽车换过轮胎。
____ 我给汽车换过机油。
____ 我给汽车换过刹车闸片。

请对你掌握的有关汽车机械的知识进行评分。
____ 很多。
____
____ 中等。
____
____ 很少。

图4.13 有关汽车机械的原有知识调查

为了计算这项调查的得分，第一部分列表上每打一个钩得到1分，第二部分列表上的得分为1到5（1是很少，5是很多）。如果你的得分在中等以上（一般是4），那么说明你的原有知识比较充分。如果你的得分在中等以下，那么说明你缺乏原有知识。

假设我们要求原有知识充分和原有知识不足的学生接受设计精良（例如，文本放置在对应的插图旁边）或者设计不良（例如，文本和插图相互分离）的有关刹车的课程。并且在后测中，原有知识不足的学生阅读设计精良的课程之后，比接受设计不良的课程得到更高的分数。与此同时，原有知识充分的学生接受两种教学方式后都取得较高的成绩。在图4.14的左边，原有知识不足的学生在设计精良的课程（A

教学方式）中的得分较高，而在设计不良的课程（B 教学方式）中的得分较低。与此同时原有知识充分的学生在这两种教学方式中的得分都较高。换一种方式，假设如图4.14右边部分所示的交叉交互：相比设计不良的课程（B 教学方式），原有知识不足的学生在设计精良的课程（A 教学方式）中的得分较高。然而，相比设计精良的课程，原有知识充分的学生在设计不良的课程中的得分较高。

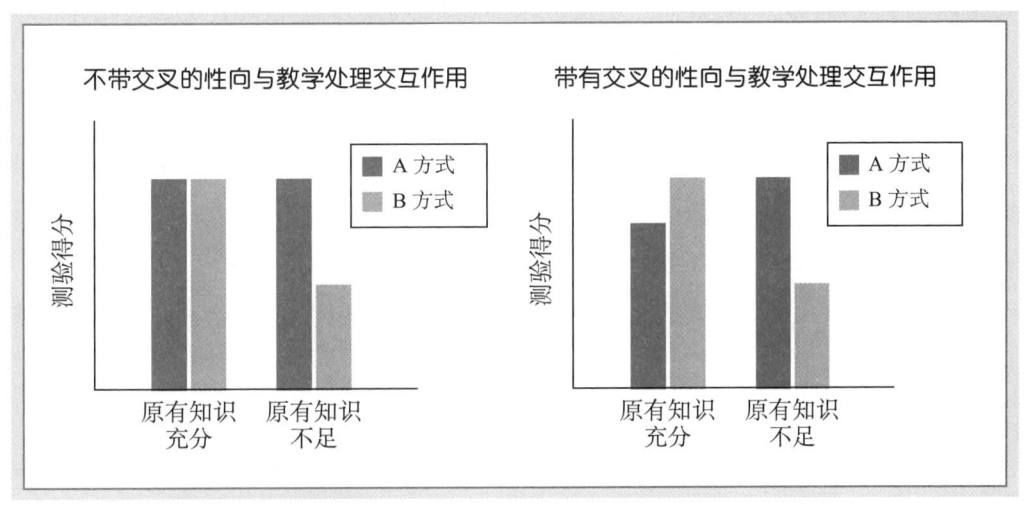

图4.14　性向与教学处理的交互作用

图4.14右边的这个例子是斯拉瓦·卡柳加所指的"专长反转效应"，即相对于原有知识充分的学习者，教学方式对于原有知识不足的学生更有效。有一些研究证据支持专长反转效应。总体而言，原有知识不足的学习者从结构精良的课程中受益更多，而原有知识充分的学习者从结构明晰的教学方式中受益较多。这里有一项重要的教学启示，即构建教学效应的边界条件，也就是确定对于谁来说效应是最强烈的（例如，A 方式对于原有知识不足的学习者是最有效的）。

我们是否需要针对不同的学习者，采用不同的教学方法呢？这依然是一个重要的值得商榷的研究议题。例如，玛莎和我从过去几十年的大量研究中并没有发现太多证据，表明言语学习者的语词学习效果更好，以及图示学习者的图像学习效果更好。总之，设计优良的性向与教学处理的交互关注原有知识，因此在追求有效的教学方式时，有必要关注教学方式对原有知识充分的学习者还是原有知识不足的学习者产生效果。如果你有兴趣依据个体差异来调整教学方式，那么就应该记住最重要的个体差异维度就是原有知识，也就是学习者带入学习情境中的知识。

十一、评估的误区

情景1：曼恩（Mann）教授认为，在大教室上课时使用课堂表决器（如手持遥控器）可以改善学习效果。在前半堂课他没有使用课堂表决器，在后半堂课他要求学生使用课堂表决器，从而记录下学生对各种问题的表决情况。课后，他发放了一张问卷调查表，要求学生对这堂课的喜欢程度进行评估。学生给出的回答是：喜欢使用课堂表决器的比例明显高于不使用课堂表决器的比例。因此，曼恩教授得出结论，使用课堂表决器效果很明显。

情景1有什么问题？问题就在于喜欢不等于学会。尽管学生有时候很喜欢一种教学方法，但是对教学方法的喜爱并不一定会改善学习效果。如果你的教学目标是促进学习，那么就应该仔细选择促进学习的相关措施。你可以使用一种评估方式，让学生乐于回答有关教学方法效果的问题，但这样做并不能确定这种方法一定能够促进学习。

情景2：在十二年级的数学课上，学生正在学习如何解决二项式概率问题。为了评估学生的学习效果，曼宁（Manning）老师要求学生填写一份问卷，以便了解学生的知识掌握情况。绝大多数学生认为自己掌握得不错。因此，曼宁老师得出结论，她的教学非常成功。

情景2有什么问题？问题在于学生可能对评估自己的学习情况缺乏自我意识。他们可能会认为自己学习很努力，并且学到了很多知识，但事实上他们并没有学到多少。因而需要进行更加有效的学习结果评估，比如让学生解一些二项式概率的题目。

情景3：一位研究者对为期两周的美国历史课程是否能够提高学生对美国历史的了解非常感兴趣。为此，他进行了前测和后测。在前测中，他要求学生回答几个简单的关于美国历史的问题，写成小论文；课程结束后他又进行了一次后测，要求学生回答更多关于美国历史的问题，还是写成小论文。这位研究者通过前后测来判断学生通过两周的历史课程学习，是否能够改善成绩。

情景3的问题是，前测被当作一种教学活动。这种前测可以帮助学生学习。如果前测的教学效果很好，那么它会抵消学习过程中教学指导的效果。如果你的目标是促进学习，那么这可能是一个有用的结果，不过它会对评估工作不利。

表4.18总结了以上三种评估误区。如你所见，评估工具要尽可能无干扰地评估你想要测量的事物，这一点很重要。

表4.18 三种评估误区

说明	举例
测量错误的变量	测量的是喜欢程度而不是学习程度。
运用错误的工具	关注的是自我评估而不是自我表现。
过量测验	对学习的前测掩盖了教学方式的处理。

参考书目与推荐阅读

第93—94页

Anderson. L. W., Krathwohl, D. R., Airasian, P. W., Cruikshank, K. A., Mayer, R. E., Pintrich, P. R., Raths, J., & Wittrock, M. C.(2001). *A taxonomy for learning, teaching, and assessing: A revision of Bloom's taxonomy of educational objectives*. New York: Longman.

本书基于学习科学研究的进展，提出了教学目标的框架。这本书是由学习、教学和评估方面的专家合作撰写的。

第95—97页

American Educational Research Association, American Psychological Association, and National Council on Measurement in Education(1999). *Standards for educational and psychological testing*. Washington, DC: American Educational Research Association.

本书是由美国教育学会、美国心理学会和教育测量国家理事会合作编写的，对如何设计测验做出了细致的分析。

Pellegrino, J. W., Chudowsky, N., & Glaser, R. (Eds.). (2001). *Knowing what students know: The science and design of assessment*. Washington, DC: National Academy Press.

本书受美国国家研究委员会委托，由著名的评估研究者撰写，主题为如何评估学习结果。

第98—103页

Schneider, B., Carnoy, M., Kilpatrick, J., Schmidt, W. H., & Shavelson, R.J. (2005). *Estimating causal effects: Using experimental and observational designs*. Washington, DC: American Educational Research Association.

本报告对确定一种教学方法是否会对学习产生影响做了细致的分析。

第104—107页

Cohen, J. (1988). *Statistical power analysis for the behavioral sciences* (2nd ed.).

Hillsdale, NJ: Erlbaum.

本书对如何计算和使用效应量做了经典的说明。

Rosenthal, R., Rosnow, R. L., & Rubin. D. B.(2000). *Contrasts and effect sizes in the behavioral sciences*. New York: Cambridge University Press.

本书是一本有关效应量的出色的参考用书。

第112—115页

Brown, J. S. & Burton, R. R. (1978). Diagnostic models for procedural bugs in basic arithmetic skills. *Cognitive Science*, *2*, 155-192.

本文是有关错误分析优点的经典研究。

Mayer, R. E. & Greeno, J. G. (1972). Structural differences between learning outcomes produced by different instructional methods. *Journal of Educational Psychology*, *63*, 165-173.

本文是有关多层次后测优点的经典研究。

Wertheimer, M. (1959). *Productive thinking*. New York: Harper & Row.

本书由著名格式塔心理学家所著,是关于如何促进意义学习的经典作品。

第116—117页

DeLeeuw, K. E., & Mayer, R. E. (2008). A comparison of three measures of cognitive load: Evidence for separable measures of intrinsic, extraneous, and germane load. *Journal of Educational Psychology*, *100*, 223-234.

本研究比较了对学习认知负荷进行多维度测量的结果。

第118—121页

Cronbach, L. J., & Snow, R. E. (1977). *Aptitudes and instructional methods*. New York: Irvington.

本书概述了性向与教学处理的交互作用。

Kalyuga, S. (2005). Prior knowledge principle in multimedia learning. In R. E. Mayer (Ed.), *The Cambridge handbook of multimedia learning*. (pp. 325-338) New York: Cambridge University Press.

本文对专长反转效应研究做了概述。

Massa L. J., & Mayer R. E. (2006). Testing the ATI hypothesis: Should multimedia instruction accommodate verbalizer-visualizer cognitive style? *Learning and Individual Differences, 16*, 321-338.

本文是一篇有关性向与教学处理的交互作用的实验研究。

第122—123页

Johnson, C. I., & Mayer, R. E. (2009). A testing effect with multimedia learning. *Journal of Educational Psychology, 101*, 621-629.

本文是测验效应应用于教育情境的一个案例。

跋

在教育领域应用学习科学，既能丰富教育本身（寻求有效的教育以帮助人学习），又能使学习科学（寻求描绘人是如何学习的准确图景）获益。100多年来，教育工作者一直以研究证据和实证理论为基础开展教学实践，由于对如何开展学习（即学习科学）有了日益深入的理解，这一目标正逐渐得以实现。与此同时，100多年来，学习科学工作者也一直在发展如何开展学习的真实理论，由于在实际情境中应对实施有效教学的挑战（即教学科学），这一目标也正逐渐得以实现。应用学习科学涉及两个互相交叠的目标：一是面向教育实践（即教学科学）的应用研究目标，二是面向学习理论（即学习科学）的基础研究目标。不要把基础研究和应用研究看成一个连续统一体的对立两端，而要视为彼此促进的交叠目标，实现二者的共同进步。总之，应用学习科学就是所谓的用户激发的基础研究。应用学习科学要求把握如何开展学习、如何开展教学和如何开展评价。采用科学的学习、教学和评估方式，我们的目标是将结论建立在研究证据，而不是意见、流行观点或意识形态之上。

1.学习科学

学习科学是关于人是如何开展学习的研究。从研究中得出了三条主要原理，即人对言语信息和图示信息有单独的加工通道（双重通道原理）、每一个通道每次只能加工少量的信息（容量有限原理）及意义学习发生于学习者在学习中积极参与适当的认知加工（主动加工原理）。学习发生的信息加工系统包括感觉记忆、工作记忆和长时记忆，并且取决于选择、组织和整合等认知过程。意义学习发生于学习者对来自感觉记忆的相关信息予以注意（选择）；对所选择的信息在工作记忆中进行组织，形成内在一致的心理表征（组织）；将组织好的信息与其他表征方式和从长时记忆中提取出来的原有知识整合起来（整合）。任何完整的学习理论还必须考虑动机、元认知和个别差异的影响。

2. 教学科学

教学科学是关于帮助人开展学习的研究。教学设计始于对教学目标的清晰界定，即要对学习者的知识将发生什么样的变化予以说明。教学目标包括事实、概念、程序、策略和信念等五种类型；教学目标还包括六类认知过程，分别是记忆、理解、应用、分析、评价和创造。

容量有限原理要求在工作记忆中包括无关认知加工（即认知加工对实现教学目标毫无作用，这是由不良的教学设计引起的）、基础认知加工（即认知加工旨在表征基本的学习内容，这是由内容或者材料本身的复杂性引起的）和生成认知加工（即认知加工旨在深度理解所呈现的材料，这是由学习者的学习动机引起的）。教学设计者面临的主要挑战是降低无关认知加工，调节基础认知加工，促进生成认知加工。针对这些挑战，教学科学已经提出了实证原理来设计有效教学。

3. 评估科学

评估科学是关于确定人学会了什么的研究。评估人学会了什么是从其学业表现加以推断的。评估的三项功能是：确定学生在教学前已经掌握了什么（预评估）、在教学中学习什么（形成性评估）和在教学后学到了什么（总结性评估）。教学效果方面的研究旨在探寻哪一种教学方法是有效的（如运用实验法）、在什么时候有效（如运用析因实验法）和怎样有效（如运用观察和访谈法）。对照实验的核心特征是实验控制、随机指派和合理测验。实验比较的实际目标是在多种情境下确定哪些教学方法有较高的效应量。意义学习的特点是保持和迁移的效果都很好，机械学习的特点是保持的效果很好，但迁移的效果不良。如果教学目标是促进意义学习，那么迁移就是测量学习结果时至关重要的方面。

4. 未来的方向

本书的写作目的是与你分享我认为你应该了解的关于如何开展学习、如何开展教学和如何开展评估的知识。我尽可能地简明扼要和精心取材，像发展、社会情境、认知神经科学、进化、文化和政策等相关领域，我并没有涉及。如果要对应用学习科学有完整的理解，那么就需要填补这些未能涉及的领域。在教育中成功应用学习科学的关键是，我们要依据严谨的科学研究证据来得出结论，而不是凭借意见、流行观点或意识形态。一句话，本书聚焦于使用学习、教学和评估的科学方式，来推动应用学习科学的进步。

术 语 表

主动学习（active learning） 学习者在学习中的认知活动水平，而不是行为活动水平。亦见选择、组织和整合。（第37页、87页）

主动加工原理（active processing principle） 学习科学的一项原理，表明意义学习发生于学习者在学习时进行适当的认知加工的过程（如注意相关材料，组织材料并形成连贯的表征，并且与原有相关知识整合起来）。亦见双重通道原理、容量有限原理、选择、组织和整合。（第30页、33页、35页）

分析（analyze） 教学目标之一，是指将材料分解成各个组成部分，并确定这些部分之间的相互联系，以及部分同总体结构或目的之间的联系，例如能在关于概率的应用题中区分相关数据和无关数据。亦见记忆、理解、应用、评价和创造。（第61页）

抛锚式原则（anchoring principle） 一项用来促进生成加工的实证原则。该原则指出：如果在熟悉的情境中呈现材料，那么学习效果会更佳。亦见多媒体原则、人性化原则和具体化原则。（第70页）

应用研究（applied research） 一种旨在改进实践（如教学科学）的研究类型。亦见基础研究。（第10—11页）

应用（apply） 教学目标之一，指在特定情境下执行或者运用某一程序，比如给定 N、r 和 p 值，求二项式概率。亦见记忆、理解、分析、评价和创造。（第61页）

应用学习科学（applying the science of learning） 运用已知的有关如何开展学习的知识来设计教学，以帮助人学习。应用学习科学涉及协调学习科学、教学科学与评估科学之间的互惠关系。亦见学习科学、教学科学和评估科学。（第Ⅶ页、6—7页、127页）

评估（assessment） 确定学习者学到了什么（即学习结果）、学习者的学习方式（即学习过程）以及学习者的学习特征（即学习特征）。亦见学习、教

学和评估科学。（第2页、4—5页、52—63页、93—97页）

图式同化（assimilation to schema） 改变输入的信息以适应现有的知识结构。亦见主动学习和整合。（第28—29页）

注意广度（attention span） 当一组对象呈现在面前时，人不需要采用估计的办法能直接感知到的最大数量。亦见记忆广度、神奇的数字7。（第32页）

态度性知识（attitudinal knowledge） 见信念。

性向与教学处理的交互作用（attribute treatment interaction） 一种交互方式，表明教学处理的效果依赖于学习者的性向。例如一种教学方法对某一类学习者更有效，另一种教学方法对另一类学习者更有效。（第118—121页）

巴特莱特的图式同化（Bartlett's assimilation to schema） 见图式同化。

基础研究（basic research） 一种旨在对理论（如学习科学）做出贡献的研究类型。亦见应用研究。（第10—11页）

基于实践问题的基础研究（basic research on applied problems） 一种研究类型，旨在对理论和实践（如学习科学和教学科学）做出贡献。参考巴斯德象限。亦见应用驱动的基础研究。（第11页）

基于信念的知识（belief-based knowledge） 见信念。

信念（beliefs） 关于学习的看法，如"我不擅长统计数字"。亦见事实、概念、程序和策略。（第14页、17页、40—41页、60页）

自由回忆归类（clustering in free recall） 人倾向于通过类属而非呈现顺序来回忆语词（如家具、身体部位、专业，等等）。（第47页）

多媒体学习的认知理论（cognitive theory of multimedia learning） 由梅耶提出的一种学习理论，其主要依据是双重通道原理、容量有限原理和主动加工原理。依据这一理论，学习者从所呈现的材料中选择相关语词和图像，在工作记忆中将所选择的语词组织成言语模型，以及将所选择的图像组织成图像模型，然后从长时记忆库中提取相关知识，与言语模型和图像模型进行整合，意义学习便发生在这个过程中。亦见双重通道原理、容量有限原理、主动加工原理、感觉记忆、工作记忆和长时记忆。（第34—38页）

聚焦要义原则（coherence principle） 一项减少无关认知加工的实证原则。该原则指出：课堂上去除一些无关材料后，学习效果会更好。亦见标记结构原则、空间邻近原则、时间邻近原则和明确期望原则。（第66页）

合作学习（collaborative learning） 一种学习方式，指由一个小组独立完成一项具有挑战性的任务或项目。亦见发现学习。（第82页、86页）

概念（concepts） 类别、图式、模式或者原理等，比如像数字65中的6是十位

数这样一类知识。亦见事实、程序、策略和信念。（第14页、17页、60页）

概念性知识（conceptual knowledge） 见概念。

具体先导（concrete advance organizer） 一种教学技巧，旨在指导整合的过程。在上课前先呈现熟悉的材料，以促进深层学习。亦见具体示范、整合和具体化原则。（第80—81页）

具体示范（concrete model） 一种教学技巧，旨在指导整合的过程。在授课中先呈现熟悉的材料，以促进深层学习。亦见具体先导、整合和具体化原则。（第80页）

具体性效应（concreteness effect） 人易于记住具体的语词（如"树"），抽象的语词（如"类型"）记忆起来就会困难一些。亦见图示优势效应和双重通道原理。（第31页、47页）

具体化原则（concretizing principle） 促进生成加工的实证原则之一。该原则指出：如果将不熟悉的材料与熟悉的知识联系起来，那么学习效果更好。亦见多媒体原则、人性化原则和抛锚式原则。（第70页）

创造（creat） 一种教学目标，指将各个要素整合为内在一致和功能统一的整体，或者对要素进行重组形成一个新的模式或结构。例如计划写一篇关于二项式概率之发现的论文。亦见记忆、理解、应用、分析和评价。（第61页）

标准参照测验（criterion-referenced test） 一种测验方式，指明是否达到了具体的学习目标，如学习者是否能完成某一项具体任务。亦见常模参照测验。（第97页）

交叉交互（crossover interaction） 见非序列交互。

死胡同（dead-end street） 对学习科学与教学科学之间关系的一种看法。这种看法指出：一方面，基础研究者依据严格规定的学习情境（SOL）提出学习理论，这种理论是被应用研究者忽视的；另一方面，应用研究者提出没有理论依据（SOI）的教学原则，这也是被基础研究者忽视的。亦见双向道和单行线。（第8—9页）

人口学特征（domographic characteristics） 有关学习者的一种基础信息，如年龄、性别、种族以及父母的教育水平等。通常通过调查和记录来确定。（第116—117页）

发现学习（discovery learning） 一种学习方式，学习者独立解决具有挑战性的问题，或完成具有挑战性的任务或项目。亦见合作学习。（第83页、86页）

非序列交互（disordinal interaction） 一种交互方式，两种变量呈直线交叉。一种教学方法对某一类学习者有效，而另一种教学方法对另一类学习者有效。亦见序列交互。（第119页）

双重通道原理（dual channels principle） 学习科学的一项原理，表明人有两个单独的信息加工通道，分别用来加工言语材料和图示材料。亦见容量有限原理和主动加工原理。（第30—31页、35页、46页）

艾宾浩斯学习曲线（Ebbinghaus' learning curve） 见学习曲线。

课程目标（educational objective） 一种相对具体的说明，旨在指导课程开发。如"识乐谱的能力"。亦见教学目标和教育目标。（第58—59页）

效应量（effect size） 测量实验效果强度的指标。实验组的平均分减去控制组的平均分，再除以合并标准差以此得到效应量。亦见实验。（第104—105页、107页）

精细加工原则（elaboration principle） 一条同生成学习有关的实证原则。该原则指出：当人对所呈现的材料做出概述、小结或者精细加工时，学习效果更好。亦见检查验证原则、自我解释原则和设问质疑原则。（第74页）

错误分析（error analysis） 检查学习者在解决问题中所犯错误的类型，以此确定学习者是不是使用了错误的程序。（第114—115页）

基础认知负荷超载（essential overload） 一种教学场景，期间所要求的基础加工量和生成加工量都超出了学习者的认知容量。要想解决这一问题，教学的重要目标之一就是调节基础认知加工。亦见无关认知负荷超载和生成认知负荷不足。（第64页）

基础认知加工（essential processing） 学习中的一种基本认知加工，期间需要对所呈现的材料进行心理表征。基础加工是由材料本身的复杂性引起的。亦见无关认知加工和生成认知加工。（第62—65页、68—69页）

评价（evaluate） 一种教学目标。主要涉及依据准则或者标准做出判断，如判断概率应用题的两种解法哪一种更好。亦见记忆、理解、应用、分析和创造。（第61页）

有实证依据的学习理论（evidence-based learning theory） 一种理念，认为学习理论应该是可检验的和基于证据的。亦见学习科学和有实证证据的实践。（第18页）

有实证依据的实践（evidence-based practice） 一种理念，认为教学原则应该是可检验的，并且得到了严密的研究成果的支持。（第54—55页）

明确期望原则（expectation principle） 一条同减少无关认知加工有关的实证原则。该原则指出：当学习者预先了解课后的测验题型时，学习效果更好。亦见聚焦要义原则、标记结构原则、空间邻近原则和时间邻近原则。（第66页）

实验（experiment） 为了对实验组和控制组进行比较，两个组除了教学操控（即实验控制）有所区别之外，其他方面均完全相同——将学习者随机指派到各组（即随机指派），学习者将接受相关的学习检测（即合理测验）。对于确定一种教学方法对学习结果的效应而言（即确定是什么在起作用），实验是很有用的。亦见析因实验和观察分析。（第100—101页、104—107页）

实验比较（experimental comparison） 见实验。

专长反转效应（expertise reversal effect） 一种性向与教学处理的交互方式。主要涉及对缺少知识经验的学习者有效的教学方法，对知识经验丰富的学习者而言，是无效的，甚至可能是有害的。亦见性向与教学处理的交互作用。（第121页）

无关认知负荷超载（extraneous overload） 一种学习场景，期间学习者需要参与无关认知加工、基础认知加工和生成认知加工，有充足的认知容量支持无关认知加工，却只有少量的认知容量支持基础认知加工。为了解决无关认知加工超载的情况，重要的教学目标之一是减少无关认知加工。亦见基础认知负荷超载和生成认知负荷不足。（第64页）

无关认知加工（extraneous processing） 学习中的一种认知加工方式，其对教学目标的达成并无益处，主要是由不良的教学设计引起的。亦见基础认知加工和生成认知加工。（第62—67页）

析因实验（factorial experiment） 一种实验类型。主要涉及实验组和控制组之间一个或者几个因素的比较，如学习者类型、学习材料的类型和学习环境的类型等。析因实验对确定教学效果（即确定在什么时候起作用）的边界条件是十分有用的，如某一种教学方法是否对某一种学习者、学习材料和学习情境特别有效。亦见实验和观察分析。（第102页）

事实（facts） 社会生活中的事实性知识，如"波士顿属于马萨诸塞州"。亦见概念、程序、策略和信念。（第14页、17页、60页）

事实性知识（factual knowledge） 见事实。

远迁移问题（far transfer problem） 要求在一个新情境中应用新原理或新方法，解决一个新问题。亦见保持问题和近迁移。（第108—109页）

即时反馈原则（feedback principle） 一种开展练习的实证教学原则。该原则指出：在练习时能够得到有关学业表现的解释性反馈，学习效果更好。亦见分步练习原则、提供样例原则和指导发现原则。（第72页）

遗忘曲线（forgetting curve） 一种有关学习的时间间隔（通常用 x 轴表示）与学习结果，如测验成绩（通常用 y 轴表示）之间的量化关系。亦见学习曲线。（第26—27页）

形成性评估（formative assessment） 在教学中实施的评估，旨在确定当前的学习效果如何，以便在后续的教学中做出调整。亦见预评估和总结性评估。（第95页）

自由回忆列表学习（free recall list learning） 一种学习方法，期间学习者一次只接受一个语词，然后按照任意顺序加以回忆。如学习美国50个州的州名。亦见序列列表学习和配对联想学习。（第46页）

一般学习理论（general theory of learning） 能应用于各种学习情境的学习理论。亦见学科心理学和微型学习模型。（第44页）

一般迁移（general transfer）　一种迁移类型，表明学习任务和迁移任务之间没有特别的差异。亦见迁移、混合迁移和特殊迁移。（第21页）

生成效应（generative effect）　当人在学习中积极参与到生成活动时，如概括段落大意，学习效果更好。亦见主动学习。（第33页）

生成认知加工（generative processing）　在学习中开展深层认知加工，以便能领会所呈现的材料，这是由学习者付诸学习努力的动机引起的。亦见无关认知加工和基础认知加工。（第62—65页、70—71页、74页）

生成学习理论（generative theory of learning）　一种由维特洛克提出的学习理论，强调在学习中主要的认知加工应该是积极参与学习策略，这样学起来才更加深入透彻。亦见主动学习。（第33页）

生成认知负荷不足（generative underutilization）　一种教学场景，期间学习者有充分的认知容量来参与到生成加工中，却未能充分利用。为了解决这一问题，重要的教学目标之一是促进生成认知加工。亦见基础认知负荷超载和无关认知负荷超载。（第65页）

教育目标（global objective）　旨在为教育工作者提供愿景的总体说明。如"每一个学生都应该成为一个有社会责任感的人"。亦见教学目标和课程目标。（第58—59页）

绘图表（graphic organizer）　一种促进"组织"的教学策略，涉及用矩阵、层级或者网络这样一种空间布局的方式来表现主要概念。亦见总概述、小标题、联系词、组织和标记结构原则。（第78—79页）

指导发现原则（guided discovery principle）　一种开展练习的实证教学原则。该原则指出：当学习者接受指导，如示范、辅导和提供支架帮助时，学习效果更好。亦见分步练习原则、即时反馈原则和提供样例原则。（第72页）

习惯族类等级（habit family hierarchy）　一种学习的机制，期间假定学习者有与反应相联系的刺激。依据原有的奖励和惩罚，其联系程度是不同的。亦见效果律。（第25页）

小标题（headings）　一种教学技巧，用来指导"组织"过程，指对每一小节的开始句子加以强调，作为概述文本的参照。亦见总概述、联系词、绘图表、组织和标记结构原则。（第78—79页）

强调重点（highlighting）　一种教学策略，用来指导"选择"过程，指通过运用不同的字体、字号、颜色、下划线、闪动等方式来突出某些语词。亦见明晰目标、前置问题、选择和标记结构原则。（第76—77页）

获得知识（information acquisition）　关于人是如何开展学习的一种认识。这种观点认为：学习就是增加学习者记忆中的知识输入量（如"学习的三种隐喻分别是增强反应、获得知识和知识建构")。这种看法将学习者置于被动接收信息的地位，认为教师是信息的分配者。亦见增强反应和知识建构。（第22—23页、26—27页）

教学（instruction） 教师操控学习环境旨在促进学习的过程。教学是有目的地操控学习者的经验，引起学习者知识发生变化的过程。亦见学习、评估和教学科学。（第2页、4—5页、52—53页）

教学效果（instructional effects） 确定特定的教学方法是否有效（是什么在起作用）、产生这一效果的条件（什么时候起作用），以及产生效果的机制（如何产生作用的）。（第98—107页）

教学方法（instructional method） 一种操控学习环境的方式，旨在影响学习者的经验。亦见教学和教学效果。（第52页）

教学目标（instructional objective） 对学习者知识的预期变化做出具体的规定。具体包括：①学习内容是什么；②如何应用所学的知识；③如何解释学习者的学业表现。亦见课程目标和教育目标。（第56—61页）

教学处理（instructional treatment） 见教学方法。

整合（integrating） 意义学习的一种认知过程。期间学习者将言语表征和图示表征彼此联系起来，同时也与从长时记忆中提取的相关知识联系起来。整合涉及知识从长时记忆转换到工作记忆中，箭头从长时记忆指向工作记忆。亦见选择和组织。（第37页、76页、80—81页）

内部一致性信度（inter-rater reliability） 客观性的一种具体形式，指两个评分者之间的分数相关性。亦见客观性。（第97页）

知识建构（knowledge construction） 关于人是如何开展学习的一种认识。主张学习是学习者建立一种心理表征（例如如何开展学习的心理模式），以便做出推断的过程。按照知识建构观，学习者是积极的意义建构者，教师则是认知指导者。亦见增强反应、获得知识和主动学习。（第22—23页、28—29页）

效果律（law of effect） 由桑代克提出的一条学习原理，表述如下：在针对同一个情境所做出的各种反应中，如果伴随或者紧接着出现满足动物意愿的状况，其他条件都不变的情况下，这种反应与情境的联结就会加强，并且这类反应有可能再次出现。如果一种反应伴随或紧接着出现让动物不满足的状况，其他条件都不变的情况下，这种反应与情境的联结就会减弱，因此，做出这类反应的概率也会变小。（第25页）

学习（learning） 一种归因于经验的知识改变。亦见教学、评估和学习科学。（第2页、4—5页、14—16页、52—53页）

学习曲线（learning curve） 一种有关练习效果，如学习所花费的时间（通常

用 x 轴表示），和学习结果，如测验成绩（通常用 y 轴表示）之间的量化关系。亦见遗忘曲线。（第24页、26页、27页）

学习结果（learning outcome） 由教学所带来的学习者知识的改变（即学到了什么）。（第93页、108—111页、114—115页）

加工水平（levels of processing） 如果学习者能在语词学习中，进行深层加工，那么记忆语词的效果就更好。（第47页）

钝化（leveling） 在记忆中遗忘了具体的表征细节。亦见锐化和合理化。（第29页）

容量有限原理（limited capacity principle） 学习科学的一项原理。该原理指出：人每次只能在一种感知通道加工少量的学习材料。亦见双重通道原理和主动加工原理。（第30页、32页、35页、46页）

长时记忆（long-term memory） 一种记忆储存方式。它以经过组织的方式表征信息，容量很大，且能维持很长一段时间（许多年）。亦见感觉记忆和工作记忆。（第34—38页）

神奇的数字7（magic number 7） 人一次能够记住或者倾向于记住七个组块的信息。亦见容量有限原理。（第32页）

意义学习（meaningful learning） 一种学习结果，指其保持测验和迁移测验的结果都很好。亦见机械学习、无效学习、保持测验和迁移测验。（第110—113页）

记忆广度（memory span） 一个人能够准确记住的最多数量。亦见注意广度、记忆广度效应和神奇的数字7。（第32页）

记忆广度效应（memory span effect） 在一次记忆广度任务中，人大概能记住7个组块的信息。亦见记忆广度和神奇的数字7。（第47页）

元认知（metacognition） 个体对自己认知过程的认识和控制。在学习情境中，元认知包括学习者关于自己如何学习的知识（即学习中的认知加工），以及学习者对学习过程的控制（即控制认知加工）。亦见动机。（第38页、42—43页）

米勒的神奇数字7（Miller's magic number 7） 见神奇的数字7。

微型学习模型（mini-models of learning） 应用于具体实验任务的学习理论。亦见学科心理学和一般学习理论。（第44页）

混合迁移（mixed transfer） 学习任务转向迁移任务的一般原理或者策略。亦见迁移、一般迁移和特殊迁移。（第21页）

调整通道原则（modality principle） 调节基础认知加工的实证原则之一。该原则指出：多媒体学习使用口头说明而不是用书面文字呈现语词时，学习效果更佳。亦见切块呈现原则和提前准备原则。（第68页）

动机（motivation） 一种内部状态，用来激发和维持目标导向的行为。亦见元认知。（第38—41页）

多层次后测（multileveled posttest） 实施一组包括保持测验和迁移测验的后测，以便比较不同后测之间学习者的学业表现特点。（第115页）

多媒体原则（multimedia principle） 一项旨在促进生成加工的实证原则。该原则指出：采用语词与图示两种方式学习比只采用一种方式学习的效果要好。亦见人性化原则、具体化原则和抛锚式原则。（第70—71页）

近迁移问题（near transfer problem） 在新的情境中运用已经学过的原理或方法来解决新问题。亦见保持问题和远迁移问题。（第108—109页）

负迁移（negative transfer） 一种原有学习无法改进新学习或者学业表现的情境。亦见正迁移和中性迁移。（第20页）

中性迁移（neutral transfer） 一种原有学习对新学习或者学业表现不产生影响的情境。亦见负迁移和正迁移。（第20页）

无效学习（no learning） 一种学习结果，指其保持测验和迁移测验的结果都很差。亦见意义学习、无效学习、保持测验和迁移测验。（第110页）

常模参照测验（norm-referenced test） 一种测验方式，其分数用来表示一个考生在其他考生中的相对位置。亦见标准参照测验。（第97页）

明晰目标（objectives） 一种教学策略，用来指导"选择"过程，说明学习者应该从这堂课学到什么。亦见前置问题、后置问题、强调重点、选择和标记结构原则。（第76—77页）

客观性（objectivity） 表示测验信度的一种方式。即全部评分者用相同的方式打分。亦见效度、参照性和信度。（第96—97页）

观察分析（observational analysis） 一种评估方式，指对学习者的学习情境进行观察，实施访谈或者问卷，了解学习者的学习过程。这种评估方式对确定教学效果的基本机制有一定作用。亦见实验和析因分析。（第103页）

单行线（one-way street） 对学习科学与教学科学之间关系的一种看法，认为基础研究者建立学习科学，实践工作者将其应用到学习中。亦见死胡同和双向道。（第8—9页）

序列交互（ordinal interaction） 一种交互方式，两种变量之间没交叠。一种教学方法对某一类学习者有效，对另一类学习者则无效。亦见非序列交互。（第119页）

组织（organizing） 意义学习的一种认知过程。期间学习者将已经选择的语词和图示组成一个内在一致的心理表征。它涉及操控工作记忆中的信息，箭头指向工作记忆。亦见选择和整合。（第37页、76页、78—79页）

总概述（outline） 一种教学技巧，用来指导"组织"过程，如在引言中介绍课的各个部分或者在课前列出各个部分的内容。亦见小标题、联系词、绘图表、组织和标记结构原则。（第78—79页）

配对联想学习（paired-associate learning） 一种学习方法。如在语词学习中要求学习者一次接受一个配对语词。同时，用第一个语词作为线索，请学习者回忆与之配对的另一个语词。亦见自由回忆列表学习和序列列表学习。（第46页）

帕维奥的具体性效应（Paivio's concreteness effect） 见具体性效应。

巴斯德象限（Pasteur's Quadrant） 旨在对理论和实践做出贡献的研究类型。亦见基于实践问题的基础研究和应用驱动的基础研究。（第10页）

百分位等级（percentile rank） 一种标准化的方式，要求将测验分数转换为表明百分比分数的数字。亦见标准分数和参照性。（第97页）

人性化原则（personalization principle） 一项促进生成加工的实证原则。主张教师采用对话的方式而不是正经说教的方式进行教学，前者的效果更好。亦见多媒体原则、具体化原则和抛锚式原则。（第70页）

图示优势效应（picture superiority effect） 如果以图式而不是文字来呈现学习内容，记忆的效果会更好。亦见具体性效应和双重通道原理。（第31页）

联系词（pointer words） 一种教学技巧，用来指导"组织"过程。如采用"第一""第二""第三""相比之下""因此"等。亦见总概述、小标题、绘图表、组织和标记结构原则。（第78—79页）

正迁移（positive transfer） 一种原有学习能够改进新学习或者学业表现的情境。亦见负迁移和中性迁移。（第20页）

后置问题（post-questions） 一种教学策略，用来指导"选择"过程，指学习完每一部分后设置问题，要求学习者回答这些问题。亦见明晰目标、前置问题、强调重点、选择和标记结构原则。（第76—77页）

预评估（pre-assessment） 在教学前实施的评估，旨在确定学习者的特征，以便实施适当的教学。亦见形成性评估和总结性评估。（第95页）

前置问题（pre-questions） 一种教学策略，用来指导"选择"过程，指在课前提出问题，要求学习者做出回答。亦见明晰目标、后置问题、强调重点、选择和标记结构原则。（第76—77页）

提前准备原则（pretraining principle） 调节基础认知加工的实证原则之一。在学习主要概念时，如果先了解与这一概念相关的名称和特征，那么学习效果会更好。亦见切块呈现原则和调整通道原则。（第68页）

程序性知识（procedural knowledge） 见程序。

程序（procedures） 一步一步的过程，如知道计算252×12的步骤。亦见事实、概念、策略和信念。（第14页、17页、60页）

学科心理学（psychology of subject areas） 有关人是如何掌握像阅读、写作、数学、科学和历史等学科知识的理论。亦见一般学习理论和微型学习模型。（第44—45页）

设问质疑原则（questioning principle） 一种同生成学习有关的实证原则。该原则指出：当学习者提出并回答深层次的问题时，学习效果更好。亦见检查验证原则、自我解释原则和精细加工原则。（第74页）

随机对照实验（randomized controlled experiment） 见实验。

合理化（rationalization） 在记忆中围绕熟悉的主题重组所呈现的材料。亦见钝化和锐化。（第29页）

参照性（referencing） 一种对测验分数进行解释的方法。亦见效度、信度和客观性。（第96—97页）

解除前摄干扰（release from proactive interference） 当语词源于同一类别时，记忆力会下降；当语词源于新的类别时，记忆力则会恢复。（第47页）

信度（reliability） 指测验分数的一致性，即相同的学习环境下每一次得到的测验分数是相同的。亦见效度、客观性和参照性。（第96—97页）

记忆（remember） 一种教学目标。指从长时记忆中提取相关知识。如"说出二项式概率的公式"。亦见理解、应用、分析、评价和创造。（第61页）

复制（replication） 采用不同的内容、不同的学习者、不同的学习场地，实施相同的实验进行比较。在确定教学效果能够多大程度上超越原先的实验时，这种方式是有用的。（第105页）

增强反应（response strengthening） 关于人是如何开展学习的一种认识，主张学习同刺激（如"2＋2等于几"）和反应（如"等于4"）之间联系的增强或者削弱有关。这种观点认为学习者是奖励或惩罚的被动接受者，教师是奖励或惩罚的分配者。亦见获得知识和知识建构。（第22—25页）

保持问题（retention problem） 一种与课堂教学的问题相同或者相似的问题。亦见近迁移问题和远迁移问题。（第108—109页）

保持测验（retention test） 一种测量学习者记忆程度的测验。亦见迁移测验。（第108—109页）

机械学习（rote learning） 一种学习结果，指其保持测验的结果很好，而迁移测验则十分糟糕。亦见意义学习、无效学习、保持测验和迁移测验。（第110—113页）

评估科学（science of assessment） 关于确定人学到了什么的科学研究。亦见

教学科学和学习科学。（第2—3页、94页、128页）

教学科学（science of instruction） 关于帮助人学习的科学研究。亦见评估科学和学习科学。（第2—3页、8—11页、54—65页、128页）

学习科学（science of learning） 关于人是如何学习的科学研究。亦见评估科学和教学科学。（第2—3页、8—11页、18页、127—128页）

切块呈现原则（segmenting principle） 调节基础认知加工的实证原则之一。用可调节模块的方式呈现相对复杂的课时，学习效果更好。亦见提前准备原则和调整通道原则。（第68—69页）

选择（selecting） 意义学习的一种认知过程。期间学习者注意材料中相关的语词与图示。它涉及信息从感觉记忆到工作记忆的转移，箭头从感觉记忆指向工作记忆。亦见组织和整合。（第37页、76—77页）

自我解释原则（self-explanation principle） 一种同生成学习有关的实证原则。该原则指出：当学习者自我解释学习材料时，学习效果更好。亦见检查验证原则、设问质疑原则和精细加工原则。（第74—75页）

感觉记忆（sensory memory） 一种记忆储存方式，它以原有的感知方式表征信息。这种记忆模式的容量很大，且只能维持很短的时间（不足1秒钟）。语音信息进入耳朵，会在听觉记忆系统中表征为声音。而印刷文字或图像进入眼睛，会在视觉记忆系统中表征为图像。亦见工作记忆和长时记忆。（第34页、36—38页）

序列列表学习（serial list learning） 一种学习方法，期间学习者一次只接受一个语词，然后按照呈现的序列做出回忆，如记住字母或者日期等。亦见自由回忆列表学习和配对联想学习。（第26页、46页）

锐化（sharpening） 在记忆中对所呈现材料的某些关键特征予以精细加工。亦见钝化和合理化。（第29页）

标记结构原则（signaling principle） 一种用于减少无关认知加工的实证原则。该原则指出：当强调重点学习内容的组织特征时，学习效果更好。亦见聚焦要义原则、空间邻近原则、时间邻近原则和明确期望原则。（第66页）

分步练习原则（spacing principle） 一种开展练习的实证教学原则。该原则指出：将练习分成几个部分分段完成比一次集中练习的学习效果更好。亦见即时反馈原则、提供样例原则和指导发现原则。（第72页）

空间邻近原则（spatial contiguity principle） 一种用来减少无关认知加工的实证原则。该原则指出：图示与相应的文字说明在屏幕或者页面相邻呈现时，学习效果更好。亦见聚焦要义原则、标记结构原则、时间邻近原则和明确期望原则。（第66—67页）

特殊迁移（specific transfer） 一种迁移类型，指特殊行为、事实或者程序从学

习任务转向迁移任务。亦见迁移、一般迁移和混合迁移。（第21页）

分半信度（split-half reliability） 一种信度类型，是指前半部分测验和后半部分测验的关联性。亦见重测信度和信度。（第97页）

标准分数（standard score） 一种标准化的方式，是指将测验分数转化为平均分得到的标准差。亦见百分位等级和参照性。（第97页）

情境关联学习（state-dependent learning） 如果测验情境与学习情境相似，那么人能记住更多的语词。（第47页）

统计功效分析（statistical power analysis） 确定实施一项比较实验所需要的参与者数量。亦见实验。（第107页）

策略性知识（strategic knowledge） 见策略。

策略（strategies） 一般的方法，如懂得怎样将一个问题分解成各个部分。亦见事实、概念、程序和信念。（第14页、17页、60页）

总结性评估（summative assessment） 在教学后实施的评估，旨在反映学生的学习效果或者为修订课程方案提供信息。亦见预评估和形成性评估。（第95页）

时间邻近原则（temporal contiguity principle） 一种用来减少无关认知加工的实证原则。该原则指出：语音解说和画面本身同时呈现而非相继呈现时，学习效果更好。亦见聚焦要义原则、标记结构原则、空间邻近原则和期望原则。（第66页）

检查验证原则（testing principle） 一种同生成学习有关的实证原则。该原则指出：使用实践测验的方法比重复学习的效果更好。亦见自我解释原则、设问质疑原则和精细加工原则。（第74页）

重测信度（test-retest reliability） 一种信度类型，是指实施两种测验之后的关联性。亦见分半信度和信度。（第97页）

桑代克的效果律（Thorndike's law of effect） 见效果律。

迁移（transfer） 原有知识对学习或者学业表现的影响。亦见正迁移、负迁移和中性迁移。（第20—21页、108—109页）

迁移测验（transfer test） 一种测验类型，用来测量学习者是否善于在新情境中评估或者运用已学过的材料。亦见保持测验和迁移。（第108—111页、113页）

双向道（two-way street） 对学习科学与教学科学之间关系的一种看法，指研究者在真实的情境中检验学习理论（对学习科学的贡献），并且用可靠的理论来检验教学原则（对教学科学的贡献）。亦见死胡同和单行线。（第8—9页）

Ⅰ型错误（type Ⅰ error） 在不出现这种错误时有效。如 $p<0.05$ 意味着出现Ⅰ型错误的概率小于5%。亦见Ⅱ型错误。（第106—107页）

Ⅱ型错误（type Ⅱ error） 出现这种错误时无效。如 $p<0.05$ 并不代表Ⅱ型错

误,而是指出现Ⅱ型错误的概率远远大于5%。亦见Ⅰ型错误。(第106—107页)

理解(understand)　一种教学目标,是指依据教学内容建构意义。如用自己的话重新解释二项式概率。亦见记忆、应用、分析、评价和创造。(第61页)

应用驱动的基础研究(use-inspired basic research)　是指对理论与实践(即学习科学与教学科学)都做出贡献的研究,为巴斯德象限所采用。亦见基于实践问题的基础研究。(第10—11页)

效度(validity)　它取决于解释与使用测验分数达到适当目的的程度。亦见参照性、信度和客观性。(第96—97页)

维特洛克的生成效应(Wittrock's generative effects)　见生成学习。

样例原则(worked example principle)　一种开展练习的实证教学原则。该原则指出:在解决实际问题之前先呈现一个样例,学习效果更好。亦见分步练习原则、即时反馈原则和指导发现原则。(第72—73页)

工作记忆(working memory)　一种记忆储存方式。它以经过组织的方式表征信息,其容量有限,除非进行主动加工,否则其保持的时间也较短(不足1分钟)。亦见感觉记忆、长时记忆和容量有限原理。(第32页、34—38页)

译 后 记

《应用学习科学》是当代顶尖学习科学家理查德·E.梅耶撰写的面向"入门者"的一本导论书。对梅耶来说,写这样一本薄薄的科普书,是一件信手拈来的事情。但是梅耶在序言中说道,虽然他一直想写这样一本书,但是直到美国心理学会授予他"心理学应用于教育和培训的杰出贡献奖"的时候,他才意识到再也不能耽误了。为什么呢?这是因为将学习科学最重要的主张和观点向"入门者"普及,是一项十分重要且迫切的任务。之所以没有早些写出来,也许是因为高端的科研工作繁重,所以顾不上科普的事情。实际上更可能的原因是科普书不仅不容易写,而且不容易写好。因此,梅耶至少是在写了30本书、400余篇论文的基础上才提笔来写这本书的。虽然这本书出版没有多久,但一定会在梅耶的学术研究史上留下浓重的一笔,会在意义学习理论的发展上留下回声。

学习科学是最近才提出来的一个专业称谓,它是学习理论、教育心理学或认知心理学研究的延伸,大体上与教育技术、教学理论以及评估理论有交叉呼应的关系。实际上,梅耶现在就是这样倡导的。所以,不管是研究学习理论、课程与教学理论、评估理论,还是研究教育技术,都应该了解梅耶的观点。可以说,如果不了解梅耶,那么就难以把握意义学习的含义和框架。实际上,同意义学习相仿的其他理论,像建构学习、理解学习、迁移学习、深度(层)学习、创造(新)学习、五星教学(首要教学原理)等,也都是随着时代的发展,以及对教育改革的呼唤而面世的。从奥苏贝尔、维特洛克到梅耶(还有教育技术学和教育心理学结合的杰出代表梅里尔、乔纳森、诺瓦克、珀金斯和威金斯等),我们能够建立起这样一个图景吗?

实际上,梅耶的先进思想在我国的心理学和教育学专业研究和学习领域中,还未被人熟知。我们基本上只限于了解奥苏贝尔的一些观点。梅耶的代表性著作《学习和教学》《数字化学习与教学科学》《多媒体学习（第2版）》等尚未有中文翻译版。国内许多《教育心理学》的教材和专著也没有专门对梅耶的意义学习理论予以介绍和讨论。课程论和教学论等研究领域更是鲜有人提及梅耶。

在此，我要特别向各级各类学校的广大教师和培训机构的培训师推荐这本书。可以说，大师有不少，但是大师的许多书不适宜"入门者"看；梅耶的书有不少，但是目前只有这一本是具有普适性的"入门书"。这是一本颇费心思写成的书，总结了由实证研究得出的成果。正像梅里尔教授在书评中所写的那样："我向每一位教学设计工作者推荐这本必备书。一册在手，想用就用，随时可以参考这些最基本的原则。"可以说，如果你已经了解了皮亚杰、布鲁纳、布卢姆、奥苏贝尔等教育心理学家的理论与贡献，那么你完全有必要了解梅耶的学习科学思想；如果你错过了别人，那么你也一定不要错过梅耶；如果你要了解当前的学习科学有什么新流派，教育改革有什么新的理论，那么你应该想起梅耶。

细心的读者会发现，梅耶在写作此书的时候不仅精心选择材料，注意通俗易懂，而且采用了双重通道原理。书中使用了大量图表，这让读者读起来不仅赏心悦目，而且为减少工作记忆负担和意义理解奠定了基础。本书也是贯彻新学习与教学基本原理（双重通道、容量有限和主动加工）写作的典范，是开发教学材料或编写教材的新范本。

我们在翻译过程中为本书的图表编制了序号和标题，在排版上既保留了英文版的特色，又根据中文版的开本和版式要求做了必要的调整。所有这一切，都是为了便于读者阅读和理解。

浙江大学教育学院课程与教学论专业丁旭博士生和钟丽佳博士生共同参与了本书的翻译工作。丁旭翻译了第一章和第三章，钟丽佳翻译了第二章和第四章。我翻译了作者介绍、序、跋和术语表等，并对全书译稿进行了校对和统稿。借此机会，我还要特别感谢原浙江大学课程与教学论硕士生陈彩红、庄承婷和陈丽，她们在2011年就参与了综述本书观点的工作，为本书的正式翻译出版做出了贡献。衷心感谢梅里尔教授同意将其书评作为本书中文版推荐序。衷心感谢中国轻工业出版社万千教育总策划石铁先生和万千教育编辑部主任吴红先生的大力支持。在我提议联系本书版权后几天时间，他们就迅速落实了此书的版权事宜。衷心感谢本书责任编辑认真细致的工作。

自本书英文版2010年出版后，我一直想接洽版权翻译本书，想将其介绍给中国的一线教师。现在这一心愿终于完成了。我们齐心协力为读者呈现了一本高质量的图书。我衷心希望这本面向21世纪学习科学的书能够被读者喜欢，对发展中国自己的学习科学、教学科学和评估科学理论，对推进各级各类学校教学改革和培训工作有所裨益。

　　恳请读者对本书翻译中出现的疏漏或不足之处给予批评指正。

盛群力

2016年春节写于悉尼